O VERMELHO
E O NEGRO

Ruy Castro

O VERMELHO
E O NEGRO

PEQUENA GRANDE
HISTÓRIA DO FLAMENGO

Edição revista,
atualizada e ampliada

1ª reimpressão

COMPANHIA DAS LETRAS

Copyright © 2012 by Ruy Castro

Grafia atualizada segundo o Acordo Ortográfico da Língua Portuguesa de 1990, que entrou em vigor no Brasil em 2009.

Capa e projeto gráfico
Hélio de Almeida

Imagem de capa
Ilustração de Lan. Coleção Haroldo Costa

Preparação
Isabel Jorge Cury

Índice remissivo
Luciano Marchiori

Revisão
Valquíria Della Pozza
Camila Saraiva

Dados Internacionais de Catalogação na Publicação (CIP)
(Câmara Brasileira do Livro, SP, Brasil)

Castro, Ruy
O vermelho e o negro : pequena grande história do Flamengo / Ruy Castro. — 1ª ed. — São Paulo : Companhia das Letras, 2012.

ISBN 978-85-359-2094-9

1. Clube de Regatas do Flamengo 2. Clube de Regatas do Flamengo - História I. Título.

12-04122 CDD-796.3340608153

Índice para catálogo sistemático:
1. Clube de Regatas do Flamengo : História 796.3340608153

[2021]
Todos os direitos desta edição reservados à
EDITORA SCHWARCZ S.A.
Rua Bandeira Paulista, 702, cj. 32
04532-002 — São Paulo — SP
Telefone (11) 3707-3500
www.companhiadasletras.com.br
www.blogdacompanhia.com.br
facebook.com/companhiadasletras
instagram.com/companhiadasletras
twitter.com/cialetras

Para
Joel, Moacir, Henrique,
Dida e Zagallo,
os heróis da infância

Em memória de
Geraldo Maia, flamengo até
a última gota e amigo

SUMÁRIO

1. UMA NAÇÃO SONHANDO 11
2. HOMENS AO MAR 23
3. DOMINGO DE REGATAS 29
4. O TROPEL DAS CHUTEIRAS 39
5. FLAMENGO VINGADOR 51
6. A MÍSTICA DA CAMISA 59
7. FIM DO FUTEBOL TOTÓ 67
8. COMÍCIOS INFLAMADOS 81
9. A ERA ZIZINHO 95
10. FLAMENGO FEITICEIRO 107
11. GOLS COM ASSINATURA 127
12. A ERA ZICO 143
13. A CONQUISTA DO MUNDO 151
14. VIVER SEM ZICO 165
15. TEMPO DE VEXAME 177
16. A VOLTA DA FLAMA 185

BIBLIOGRAFIA 201
VIDEOGRAFIA 203
SITES E BLOGS 205
CRÉDITOS DAS IMAGENS 207
ÍNDICE REMISSIVO 209
SOBRE O AUTOR 219

NASCIDO NO MAR

O Rio é o seu berço, mas sua casa é o Brasil

1
UMA NAÇÃO SONHANDO

A oposição não se conforma, mas não pode fazer nada: o Flamengo é um caso de amor entre milhões e o Brasil. Um dia, quando se mergulhar de verdade nos fatores que, historicamente, ajudaram a consolidar a integração nacional, o Flamengo terá um papel importante. Durante todo o século xx, ele uniu gerações, cores de pele e sotaques em torno de sua bandeira. Ao inspirar um rubro-negro do Guaporé a reagir como um rubro-negro da Rocinha (com os mesmos gestos e expletivos, e no mesmo instante), o Flamengo ajudou a fazer do Brasil uma nação.

Mas o Flamengo não é uma abstração. É um complexo de carne, ossos, tendões, músculos. Quando se fala nele, veem à mente os heróis que, no decorrer das décadas, têm vestido sua camisa e formado times de sonho. Homens como Abelha; Bigu, Onça, Telefone e Tinteiro; Manteiga e Dendê; Sapatão, Foguete, Bujica e Beijoca.

Epa! Desculpem, peguei a lista errada! Esse é o time do pesadelo. A lista certa é: Julio Cesar; Leandro, Domingos da Guia, Aldair e Junior; Carlinhos e Zizinho; Joel, Leônidas, Zico e Dida.

Falando sério, poucas instituições serão tão abrangentemente nacionais como o Flamengo — a Igreja Católica, sem dúvida, e, talvez, o jogo do bicho. E olhe que o Flamengo não promete a vida eterna nem o enriquecimento fácil. Ao contrário, às vezes mata de enfarte e, quase sempre, só dá despesa. Mas uma coisa ele tem em comum com a religião e o bicho: a fé. Essa é a matéria-prima de que as três instituições se alimentam. A diferença é que a Igreja só paga dividendos depois da morte. Quanto ao bicho, tanto pode dar quanto não dar. Já o Flamengo costuma pagar seus dividendos espirituais quase toda quarta e domingo. Além disso, o padre e o bicheiro são personagens locais. Já os jogadores do Flamengo, via rádio, tevê ou internet, cobrem todo o território e são heróis (ou vilões) nacionais.

Daí ele ser onipresente. O Rio foi seu berço, mas sua casa é o Brasil. Sua camisa vermelha e preta viaja de canoa pelos igarapés; galopa pelas coxilhas; caminha pelos sertões; colore todas as praias; está nas favelas, nos conjuntos habitacionais e nas coberturas triplex. Suas cores vestem famosos e anônimos, bandidos e vítimas, corruptos e honestos, pobres e grã-finos, idosos e crianças, os muito feios e as muito bonitas. De repente, materializam-se nos lugares mais inesperados: já estiveram nas mãos de Frank Sinatra, no papamóvel de João Paulo II, nos peitos de Madonna. Mas, principalmente, tomam os estádios, em tantas tardes e noites quantas o Flamengo entrar em campo, não importa onde.

Tomam outras arenas, também. Em 2008, na Guerra do Iraque, a camisa rubro-negra foi fotografada sob a farda do soldado Bruno Bonaldi, natural do Paraná, mas servindo no Exército americano em Bagdá, no 2º Batalhão de Infantaria — outra diversão de Bruno era escrever o nome do Flamengo na areia do deserto. Detalhe: exceto pela televisão, ele nunca viu o Flamengo jogar.

Donde talvez não seja cientificamente exata a frase que, de tão usada, logo se tornaria um clichê: a de que "o Flamengo é uma nação" — frase essa, segundo o escritor Edigar de Alencar, criada pelo deputado federal cearense Walter Bezerra de Sá na década de 1970. Mais exato seria dizer que, ao contrário, a nação é que é Flamengo.

Segundo pesquisas veiculadas por órgãos insuspeitos, como a revista *Placar* e os jornais *Folha de S.Paulo* e *Lance!*, o Flamengo é o clube de maior torcida do Brasil por qualquer categoria que se queira estudar. Você escolhe: sexo, faixa de idade, nível de renda, teor de bronze, plumagem política, grau de escolaridade, quociente intelectual ou quantidade de dentes — é maioria tanto entre os desdentados quanto entre os que nunca tiveram uma cárie. Sua presença no Rio é esmagadora: quase cinquenta por cento dos cariocas são Flamengo. Os restantes são os que se repartem entre os outros clubes e os que, por esnobismo ou *ennui*, não se interessam por futebol.

Mas sua torcida não se espreme entre a montanha e o mar. Ao transbordar para todos os estados do Brasil, muitas vezes supera a dos próprios times locais. No Norte e no Nordeste, é esmagadora. Em Brasília, é proporcionalmente até maior do que no Rio. Em São Paulo, rivaliza com a do Santos e é mais numerosa do que a da Portuguesa de Desportos. É forte até mesmo no Sul, onde os times de fora não costumam ter vez. E existem quase cem clubes, profissionais ou amadores, de todos os estados do Brasil, chamados Flamengo (sem contar os que, com outros nomes, adotam a camisa rubro-negra e mudam o seu design de acordo com a do Flamengo). Os mais de cem sites e blogs sobre o clube, sediados em todo o país, são outra prova disso.

Desde os anos 40, décadas antes que o merchandising se tornasse a grande força do futebol, o Flamengo já era marca ou estampa de dezenas de produtos: pentes (o famoso pente Flamengo, ainda vendido nos melhores camelôs), espelhinhos, abridores de garrafa, caixas de fósforos, cortadores de unhas, selins de bicicleta, cadernos, agendas, lápis, copos, canecas, toalhas, além de camisas, bandeiras e flâmulas — por muito tempo, sem que os fabricantes desse bricabraque sequer dessem satisfações ao clube (era como se a marca Flamengo fosse de domínio público). Jornais, revistas e álbuns de figurinhas sempre venderam mais ao trazer o Flamengo em destaque. E o lendário cinejornal dos anos 60 e 70, *Canal 100*, tinha um especial chiquê pelos jogos dos dois times de seu proprietário, Carlos (Carlinhos) Niemeyer: o Flamengo e, em segundo, longe, a Seleção Brasileira.

Mas, ao ler isso, você dirá: E daí, qual é a novidade? Afinal, há décadas que o Flamengo é chamado de "o clube mais querido do Brasil". E essa expressão não é um slogan

EASY TO LOVE

O sangue italiano de Sinatra [com sua mulher, Barbara, no Rio, em 1980] permitia-lhe saber quem era a bola — e a importância do Flamengo no "soccer"

ou uma jogada de marketing. É apenas a verdade, que as estatísticas já cansaram de comprovar. Os adversários preferem dizer que, pelas mesmas estatísticas, o Flamengo seria, na verdade, o clube mais odiado do Brasil. É possível: as outras torcidas, juntas, empilhadas umas sobre as outras no Brasil inteiro, não suportam que a do Flamengo, sozinha, lhes faça frente.

Por que o Flamengo se tornou tão popular? Terá sido pela montanha de títulos? Pode ser uma das explicações. Desde 1912, quando a camisa rubro-negra passou a jogar futebol, o Flamengo foi mais vezes campeão carioca do que todos os seus concorrentes: até agora (1º semestre de 2012), foram 32 títulos, cinco deles invictos e com cinco tricampeonatos — o único time do Rio a ser pentatri. Com perdão pelo oba-oba, é também o maior campeão carioca da era do profissionalismo (desde 1933), com 25 títulos, e da era do Maracanã (desde 1950), com 22. Como se não bastasse, o Flamengo leva vantagem no confronto direto sobre todos os clubes do Rio — ou seja, já os derrotou mais vezes do que eles o derrotaram.

Se o Maracanã foi, durante mais de cinquenta anos, o maior estádio do Brasil e do mundo, seus recordes de público serão, em consequência, recordes mundiais. Pois, dos dez maiores públicos na história do Maracanã, sete envolveram jogos do Flamengo — os outros três, da Seleção Brasileira. Dos dez maiores públicos de partidas entre clubes no Maracanã, os dez foram em jogos do Flamengo. (Esses números nunca serão batidos, porque o Maracanã sofreu modificações que o fizeram "encolher" e não se cogita construir, em nenhuma parte do mundo, um estádio para 180 mil pessoas.) E, para os que ainda tinham a ilusão de que o rubro-negro só ganhava no Maracanã, o Flamengo foi, até agora, seis vezes campeão brasileiro, campeão da Taça Libertadores da América e campeão mundial em Tóquio, fora competições menores, como a Copa do Brasil (duas vezes), a Copa Mercosul, a Copa dos Campeões e incontáveis torneios internacionais, tipo Tereza Herrera ou Ramón Carranza.

Mas, como eu ia dizendo: por que o Flamengo se tornou tão popular? Terá sido pelos craques que, digamos, a partir dos anos 30, brilharam com sua camisa? Muitos desses nomes podem ser desconhecidos dos torcedores de hoje, mas, acredite, todos foram grandes jogadores e todos foram lendas em seu tempo: Domingos da Guia, Leônidas da Silva, Fausto dos Santos, Alfredinho, Jarbas, Waldemar de Brito, Jurandir, Biguá, Bria, Jaime de Almeida, Zizinho, Perácio, Pirillo, Vevé, Jair da Rosa Pinto, Garcia, Dequinha, Joel, Rubens, Moacir, Índio, Evaristo, Henrique, Dida, Zagallo, Gerson, Carlinhos, Murilo, Paulo Henrique, Reyes, Almir, Silva, Doval, Cláudio Adão, Geraldo, Zico, Junior, Carpeggiani, Leandro, Mozer, Raul, Andrade, Adílio, Tita, Nunes, Julio Cesar (Uri Geller), Bebeto, Renato Gaúcho, Jorginho, Aldair, Leonardo, Djalminha, Zinho, Sávio, Romário, Athirson, Julio Cesar (goleiro), Gamarra, Juan (zagueiro), Edílson, Petkovic, Felipe (ex-Vasco), Luizão. Exceto Bria, Garcia, Reyes, Doval, Gamarra e Petkovic, que eram estrangeiros, todos foram também da Seleção Brasileira.

E, com os títulos e vitórias recém-conquistados, já se pode falar de Bruno, Leo Moura, Fabio Luciano, Ronaldo Angelim, Juan (lateral), Ibson, Renato Augusto, Renato Abreu, Maldonado, Kleberson, Zé Roberto (meia), Vagner Love, Felipe (goleiro), Adriano ("Imperador"), Ronaldinho Gaúcho, até (de passagem) Thiago Neves.

Sim, eles fizeram com que milhões de brasileiros se abraçassem à bandeira rubro-negra. Mas o Flamengo já era popular antes deles. Nos anos 10 e 20, antes de existir o rádio, quando o brasileiro usava colarinho duro e o mundo acabava ali na esquina, nomes como os dos goleiros Kuntz e Amado, os zagueiros Galo, Píndaro, Nery, Hélcio e Penaforte, os meio-campistas Candiota e Sidney Pullen, os atacantes Junqueira, Nonô, Mo-

TEM PEIXE NA REDE

Tomé e Servílio, do Botafogo, assistem impotentes ao gol de Joel e à comemoração de Henrique dentro da meta

derato e Riemer já eram famosos fora do Rio. Todos, igualmente, foram da Seleção Brasileira, inclusive Sidney Pullen, que era inglês — o único estrangeiro a jogar pelo Brasil.

Numa época em que alguns jogadores ainda entravam em campo de gorro, toalha e óculos, e os juízes apitavam de terno, gravata e chapéu, foi o Flamengo que tirou o colarinho duro do futebol e fez deste a paixão dos descamisados, dos banguelas, dos desvalidos. Nascido da elite carioca, ele logo caiu nos braços do povo. Em 1912, seus craques foram os primeiros que as pessoas simples das ruas puderam conhecer, cumprimentar e pedir autógrafo. Em 1914, o Flamengo já era convidado a jogar em capitais e grotões longe do Rio. E, em cada uma dessas cidades, plantava torcedores — para sempre. Donde se pode falar também da missão civilizadora do Flamengo, ao levar suas iniciativas e bossas pioneiras para os centros menores e vê-las adotadas pelos clubes e torcidas locais.

Duvida? Eis algumas.

Do Flamengo nasceu, em 1942, a primeira torcida organizada: a Charanga, com bandinha, faixas e bandeiras. Foram também os torcedores rubro-negros que criaram o hábito de sair às ruas e de ir para os estádios e até para o trabalho, em dia de semana, com a camisa do clube. O Flamengo foi igualmente o primeiro clube a ter o seu nome abreviado pela torcida — *Mengo!* — e a fazer desse apelido um superlativo: *Mengão!* Suas galeras criaram os refrões que depois seriam copiados pelos torcedores dos outros clubes. E nenhum outro teve tantos sambas e marchas compostos em sua homenagem (hinos, tem dois). Bem cedo, o Flamengo foi sinônimo nacional de festa, alegria e Carnaval.

Os títulos, as vitórias e os craques podem explicar muita coisa. Mas não explicam tudo — porque, afinal, os outros clubes também têm o seu rico patrimônio de glórias. O Flamengo, queiram ou não, é que é diferente. E, isso, desde a sua fundação, em 1895 — o que faz com que a paixão por ele já se estenda por cinco gerações. Pense apenas no seguinte: os netos dos primeiros torcedores do Flamengo são os avós dos pequenos torcedores de hoje.

Mas, enfim, por que tudo isso?

A resposta vem de longe. Na verdade, de muito antes que o primeiro flamengo chutasse uma bola.

PRIMEIROS A REMAR PELO FLAMENGO

De pé, à partir da esq.: Borgerth, Lucci, não identificado, Manuel, Zumba, Isaac, Veras e Santinho. Sentados, Dagoberto, Batista e Saboya

2
HOMENS AO MAR

Não, e de uma vez por todas: o Flamengo *não é* filho do Fluminense, como muitos pensam. É, com muito orgulho, seu irmão. E irmão mais velho porque, quando o Fluminense foi fundado, em 1902, o Flamengo já tinha sete anos de vida. O Flamengo nasceu junto com a lâmpada elétrica, a máquina de escrever e o telefone. É da mesmíssima idade que o cinema e o gramofone. E nasceu antes do bonde elétrico, do automóvel e do avião. Surpreso? Pois não devia ficar. Afinal, fundado em 1895, o Flamengo já atravessou três séculos — alguém tinha pensado nisso?

No ano em que o Flamengo nasceu, a infante República brasileira ainda usava fraldas. Sua capital, o Rio de Janeiro, tinha 700 mil habitantes, que andavam em bondes puxados a burro ou nos primeiros elétricos, em ruas iluminadas por lampiões a gás e, nos subúrbios mais pobres, ainda a óleo de peixe. Livros que hoje chamamos de pilares da cultura brasileira não existiam: Machado de Assis ainda não escrevera *Dom Casmurro*, Joaquim Nabuco ainda não escrevera *Um estadista do Império* e Euclides da Cunha ainda não escrevera *Os sertões*. Exceto o azeite e os vinhos, portugueses, tudo que o brasileiro consumia vinha da Inglaterra — inclusive a primeira bola de futebol, que mal acabara de chegar por aqui (e poucos sabiam o que fazer com ela). O esporte favorito da *belle époque* carioca, mais até do que o turfe, era o remo.

No Rio de fins do século xix, os domingos pertenciam às regatas. Por isso se dizia, para se definir um lindo dia de sol, que aquele era um "domingo de regatas". Copacabana, Ipanema e Leblon eram areais bravios e desertos, quase inacessíveis. Os bairros à beira-mar eram Botafogo, Santa Luzia, São Cristóvão e o Caju, e todos tinham os seus clubes de remadores. Do outro lado da baía, em Niterói, esses clubes também proliferavam. Apenas a praia do Flamengo, que era a mais elegante e bem frequentada do Rio, não tinha o seu.

Os rapazes de Botafogo vinham remar no Flamengo e conquistavam as moças do bairro exibindo na areia os seus músculos de ferro. Não eram rapazes comuns. Os calções chegavam até os joelhos, mas suas camisetas sem mangas punham à mostra braços capazes de carregar a canoa sobre a cabeça e de remar como os deuses da mitologia. Os remadores, fortes e queimados de sol, contrastavam com o grosso da população, formada de gente raquítica, pálida e encasacada — os intelectuais, então, viviam morrendo de tuberculose. Ante tal diferença, era natural que as moças da praia do Flamengo se impressionassem. As mais sirigaitas até aceitavam os convites do pessoal de Botafogo para passear na principal baleeira deles, a *Étincelle*.

Os rapazes da praia do Flamengo não gostavam nem um pouco daquilo. E quatro deles resolveram tomar providências: José (Zezé) Agostinho Pereira da Cunha, Mário Spíndola, Augusto da Silveira Lopes e Nestor de Barros. Zezé, Mário, Augusto e Nestor podiam ser boêmios, mas eram também bons estudantes e meninos de família, de pais e mães rigorosos. Numa noite de setembro de 1895, sentados a uma mesa do café Lamas, no largo do Machado, eles se fizeram a pergunta histórica:

"Por que nós não criamos um grupo de regatas do Flamengo?"

Era só uma frase, dita numa mesa de bar. Nunca poderiam adivinhar que ela seria a centelha de uma paixão que iria incendiar milhões e influir no destino dos esportes no Brasil.

A ideia era apenas instituir o remo na praia do Flamengo, a mais antiga do Rio, onde, em 1502, na altura das futuras ruas Barão do Flamengo e Paissandu, o navegador português Gonçalo Coelho teria construído a primeira casa de pedra e cal da cidade — que os índios tupinambás chamariam de "carioca", a casa do branco. Se o Flamengo tivesse um grupo de regatas, eles não precisariam alugar barcos para remar. E, quem sabe, isso impediria que as moças do Flamengo ficassem salivando pelos rapazes de Botafogo.

Primeira coisa a fazer: comprar uma baleeira. Não se entende uma associação de remadores sem pelo menos um barco. Outros amigos se entusiasmaram com a ideia de um grupo de regatas: entraram na vaquinha e comprou-se uma baleeira de seis remos, a que deram o nome de *Pherusa*, com PH. Com esse mínimo patrimônio, o Flamengo começava a ser uma realidade. Um dos rapazes, Nestor, morava numa casa de cômodos no número 22 da praia do Flamengo. O térreo desse endereço passou a ser frequentado pela turma — para todos os efeitos, era a "sede" do grupo — e servia também como garagem para o barco.

A *Pherusa* podia ser uma beleza, mas era de segunda ou terceira mão, já passara por mar brabo e precisava de reparos. Eles a levaram de bonde a um armador da praia de Maria Angu, na Zona Norte, que a reformou por dentro e por fora. Dias depois, na tarde de um domingo escandalosamente azul, sete dos rapazes foram buscá-la, comandados por Mário Spíndola. Jogaram-na ao mar, na ponta do Caju, içaram a vela e embarcaram, eufóricos, para a travessia que deveria terminar na praia do Flamengo, em frente ao 22.

Mas aquela travessia nunca se completou. Pelo menos, não a bordo da *Pherusa*. De repente, quando eles já estavam longe da costa, na altura da ilha do Bom Jesus, o tempo virou. Nuvens carregadas cobriram o azul e desceram sobre o mar. Raios e trovões sacudiram o céu e a chuva caiu com violência. O vento noroeste arrancou a vela, as ondas fustigaram o barco e começaram a abrir buracos no casco. A guarnição apelou para os remos, mas a bruma impedia que se visse à frente. A *Pherusa* estava à mercê. Com a água já adernando o barco, o naufrágio era iminente.

Os rapazes cortaram os cabos que sustentavam o mastro, caíram n'água, viraram a baleeira de quilha para cima e se agarraram a ela. Um deles, Joaquim Bahia, o melhor nadador do grupo, decidiu nadar até a praia em busca de socorro. Com a aprovação dos demais, soltou-se da baleeira e meteu o braço. Enquanto isso, os outros rapazes, agarrados à *Pherusa*, gritavam "Socorro!" e "Ó de terra!", esperando ser ouvidos por algum barco que passasse. Três horas depois, noite fechada, quando a morte parecia inevitável e eles começaram a fazer suas orações, uma lancha ouviu seus gritos e veio salvá-los.

Já de noite, e tendo como única orientação as luzes da festa da igreja da Penha, que ele podia ver ao longe, Joaquim Bahia conseguira nadar até a praia, mas não achara quem o ajudasse. Convencido de que seus amigos tinham morrido, fora chorando para casa. Os outros seis, a salvo, pensaram por sua vez que Joaquim morrera na travessia. No dia seguinte, ao se reencontrarem no casarão do 22, pensaram estar vendo fantasmas.

Àquela hora, os jornais já relatavam o drama da *Pherusa* — que, por sinal, fora rebocada pela lancha e deixada no cais Pharoux. O Flamengo não foi citado nas reportagens, mas todos no bairro sabiam: aqueles meninos quase haviam morrido por um clube que, de certa maneira, ainda nem existia. A aura de heroísmo e martírio envolveu o Flamengo desde esse dia.

Temendo perdê-los de vez, os pais dos rapazes tentaram proibi-los de continuar frequentando o 22. Mas, a provar que nem a proximidade da morte os assustara, os garotos compraram outra baleeira, esta de quatro remos, a *Scyra*. E, então, começaram as adesões, inclusive de aspirantes da Marinha. O 22 da praia do Flamengo começou a acolher tanta gente que, no dia 17 de novembro, outro domingo, realizou-se ali a assembleia de fundação do grupo. Não um clube, mas, modestamente, um grupo: o Grupo de Regatas do Flamengo, dedicado aos esportes náuticos.

Nessa reunião, os dezoito flamengos pioneiros elegeram a primeira diretoria, anteciparam em dois dias a data oficial da fundação (para que o aniversário do Flamengo coincidisse com o da República, 15 de novembro) e escolheram as cores da bandeira e do uniforme: azul e ouro, em listras horizontais. Mas azul e ouro eram cores que desbotavam facilmente e, um ano depois, em 1896, seriam substituídas pelos definitivos vermelho e preto.

Em 1902, por sugestão do poeta Mario Pederneiras, grande carioca e já rubro-negro praticante, outra mudança nos estatutos corrigiria o nome oficial do grupo, para Clube de Regatas do Flamengo — para sempre.

DE CAMAROTE

Em dia de regatas, no Rio de 1901, a cidade se transferia para a orla — e, no caso dos mais ricos, para o mar mesmo

3
DOMINGO DE REGATAS

Como a vida, o Flamengo nasceu no mar. Poucos meses depois de fundado, suas baleeiras, canoas e ioles já participavam de todas as competições no Rio. Seria lindo contar como, desde o começo, os barcos do Flamengo deixavam os adversários no seu rastro de espuma — mas a verdade é que, no princípio, não conseguiam ultrapassar nem uma banheira à deriva. A primeira prova de que o Flamengo participou, por exemplo, foi um dos maiores vexames de sua história. Partindo do Gragoatá, em Niterói, a *Scyra* nem completou o páreo, porque os remadores passaram mal e vomitaram no mar o baita almoço que tinham comido pouco antes num restaurante da rua da Praia. E, suprema humilhação, a *Scyra* teve de ser rebocada até o Rio por uma lancha do Botafogo. Quanto à infausta *Pherusa*, não sobreviveu nem para figurar num futuro museu do Flamengo: foi roubada, de madrugada, na praia, e transformada em barco de pesca ou desmontada para se construir um galinheiro. O fato é que nunca mais foi vista.

Não por superstição (que o Flamengo nunca foi disso), mas por um precoce ardor nacionalista, seus primeiros dirigentes logo acabaram com aquela história de nomes gregos, como *Pherusa* e *Scyra*, e incluíram uma cláusula pétrea nos estatutos, determinando que as embarcações do clube tivessem nomes indígenas — item que até hoje é respeitado. Daí surgiram a *Tupi*, a *Irerê*, a *Timbira*, a *Itabira*, a *Ipiranga*, a *Juriti*, a *Aymoré*, todas as outras. Pena que o Flamengo não tivesse contratado também alguns índios para remar, porque, com suas inexperientes guarnições, os novos barcos continuaram a só conhecer derrotas. Demorou quase três anos para que o remo do Flamengo ganhasse uma simples prova. O inexplicável é que, quanto mais o clube perdia, mais sua torcida crescia.

Mas, quando começou a ganhar, em 1898, nunca mais parou. E olhe que, naquele mesmo ano, surgia o que seria o seu grande adversário no mar: o Clube de Regatas Vasco da Gama.

***

Desde o começo, os dois clubes mediram-se um ao outro e pressentiram a rivalidade. De um lado, o mais que brasileiro Flamengo, nascido na praia dos tupinambás; de outro, o Vasco, fundado pela colônia portuguesa no quarto centenário da façanha do navegador Vasco da Gama. Os vascaínos de hoje, que não têm nada com isso, podem não gostar, mas, ao acender os brios nacionalistas do carioca, o Vasco foi um dos responsáveis pela súbita e avassaladora popularidade do Flamengo. O Brasil já era independente desde 1822, mas a presença dos portugueses no Rio continuava maciça, principalmente no comércio (e, no trato com seus empregados brasileiros, nem todos se davam conta de que não éramos mais uma colônia). O carioca resistia à sua maneira, fazendo dos portugueses o alvo das anedotas. Quando surgiu a oportunidade de derrotá-los no esporte, a coisa se tornou uma questão de honra. Donde, a cada vitória do Flamengo sobre o Vasco no remo, o Lamas regurgitava e seus torcedores saíam pela rua do Catete pendurando tamancos e postas de bacalhau na porta dos estabelecimentos ligados à Coroa portuguesa. Anos depois, com o futebol, essa rivalidade se estenderia à terra e, se você fizer as contas, verá que ela já tem mais de cem anos.

Ao mesmo tempo que o Flamengo conquistava seus primeiros títulos no remo (como o de campeão do Quarto Centenário do Descobrimento do Brasil, em 1900), sua seção, digamos, terrestre dedicava-se a outros "esportes": Carnaval, trotes e alegres molecagens. E o centro de tudo era o casarão no número 22 da praia.

O casarão fora ocupado pelos remadores do clube e por seus amigos, que criaram ali a República Paz e Amor (setenta anos antes que os hippies adotassem essa expressão). Amor, havia de sobra na república do Flamengo. Paz, nem tanto. A cada vitória no remo, a garagem era palco de comemorações ao som de violões, cavaquinhos e reco-recos, municiadas por barris de chope da Brahma. O Carnaval saía às ruas, e ia da praia do Flamengo ao largo do Machado, com a multidão atrás. Em dias mais amenos, os rapazes jogavam pelota basca na garagem, fazendo grande algazarra — e adivinhe quem era vizinho do Flamengo, no número 66: um convento. Se isso já não comprometesse o silêncio de que as religiosas precisavam para suas orações, havia também o detalhe de que os rapazes jogavam nus. As freiras e noviças do Sagrado Coração de Jesus já não podiam chegar às janelas dos fundos do convento, sob o risco de comprometer sua vocação. A arquidiocese mandou levantar um tapume de zinco, separando os dois quintais, mas não adiantou: os rapazes do Flamengo começaram a subir nas árvores para colher frutas, igualmente pelados. Tudo pela farra, e as pessoas viam aquilo apenas como estudantadas. Ou, mais revelador ainda, como garajadas. Ou, segundo o jornalista Mario Filho (o primeiro a levantar essas travessuras em seu livro *Histórias do Flamengo*), como flamengadas.

Mas, antes que os profanos bagunçassem definitivamente o sagrado coreto das freiras, o Flamengo pôde redimir-se dos pecados de seus atletas. Em 1922, numa das grandes ressacas que assolaram a praia no começo do século, o convento ficou isolado pelas águas — não esquecer que, então, o mar chegava juntinho ao casario. As freiras correram perigo de vida, e ninguém de fora se mexia para resgatá-las. Pois elas foram salvas pelos remadores do Flamengo (vestidos de camiseta e calção), que as pegaram nos braços e as levaram de barco para lugar seguro. O povo, que já identificava o Flamengo com a alegria de seus rapazes, via-os agora também como heróis.

Na mesma época, houve ainda o grande confronto entre o Flamengo e a Light, que controlava os bondes do Rio. E a causa foi o ponto do bonde em frente ao 22.

Os rapazes do Flamengo, com alta dose de inconveniência, passavam o dia encostados no poste, apreciando os tornozelos das senhoritas quando elas punham o pé no estribo ou gritando coros de gozação aos carecas ou portugueses no bonde. A Light, que não achava graça nessas brincadeiras, eliminou o ponto, pintando de preto a faixa branca no poste. Mas, durante a madrugada, os rapazes do Flamengo o restabeleceram, pintando de novo a faixa branca. Os motorneiros, sem saber, voltaram a parar no ponto. Mas a Light, mais uma vez, pintou o poste de preto. A guerra se prolongou por dias, aos olhos da cidade, até que os motorneiros foram instruídos a passar direto, com ou sem faixa no poste.

Pois, quando parecia que a Light ia sair vitoriosa, os rapazes do Flamengo fizeram uma barricada com cavaletes e burros sem rabo no lugar do antigo ponto. Incapacitado de frear, o motorneiro viu o bonde entrar com tudo na barricada. Ninguém se machucou, mas a Light entendeu o recado — e o 22 reconquistou seu ponto. Para o povo, que já então odiava a Light e a chamava de "o polvo canadense", aquela foi uma vitória brasileira, comandada pelo Flamengo.

Na primeira década do século, até 1922, o Flamengo continuou sua expansão. As freiras se mudaram, e os rapazes, que já dominavam o número 22, arrendaram também o 66. Enquanto durou, avançando pelo século xx, a República Paz e Amor abrigou talvez milhares de hóspedes, entre atletas, torcedores, agregados e penetras. Todos se tornariam profundamente identificados com o Flamengo. Essa identificação tão íntima com um clube que ainda estava nos seus primeiros anos de vida deve ser, até hoje, um caso único: qual outro permitiu que tantos morassem em suas dependências?

E não eram pessoas comuns. Um deles foi o folião K. Veirinha, que, anos depois, em 1918, fundaria o Cordão da Bola Preta (que arrasta hoje 1 milhão de pessoas às ruas do Rio no Carnaval). Outros, ainda mais ilustres, não eram moradores, mas passavam pela porta e às vezes esticavam o pescoço para espiar e entravam — como o poeta Olavo Bilac, morador da rua Dois de Dezembro, quase esquina com a praia. Bilac nunca praticara esportes (a única ginástica que fazia, e como ninguém, era com as rimas), mas era simpático ao Botafogo e apoiava enfaticamente os exercícios físicos das novas gerações. Numa famosa crônica intitulada "Salamina", comparara os remadores aos nautas gregos: "Meninos! Foram músculos como estes que venceram a batalha de Salamina. Ao mar, gente moça!". Os rapazes, atléticos e viris, deviam olhar desconfiados para o entusiasmo daquele senhor estrábico, de pincenê, magro, alto e delicado. Mas, que diabo — ele era Olavo Bilac!

Naqueles primeiros anos, no Rio, eram as provas de remo (ainda chamadas de *rowing* pelos jornais) que atraíam multidões nos fins de semana. Além do Flamengo, havia o Guanabara, o Botafogo, o Boqueirão do Passeio, o Natação e Regatas, o Vasco, o Internacional, o Caju, o São Cristóvão, vários outros, e, em Niterói, o Icaraí e o Gragoatá — todos com torcidas, maiores ou menores. Nos dias das regatas de honra, a cidade se mobilizava. As árvores eram embandeiradas, os automóveis faziam corsos pela avenida Beira-Mar e os bondes despejavam multidões em Botafogo. A baía ficava coalhada de embarcações: barcas da Cantareira, lanchas e rebocadores eram alugados para que se pudesse ver a prova de perto, numa espécie de fila do gargarejo em pleno mar.

Era também um espetáculo democrático, porque grátis: as competições podiam ser assistidas das praias e dos cais. E, pela maciça presença feminina na plateia, pode-se dizer que foi o remo que tirou de casa as cariocas de todas as classes. Mas, se não se pagava para assistir, muitos gastavam o dinheiro da feira nas apostas — porque a ideia de esporte, ainda influenciada pelo turfe, não se dissociara da ideia de jogo.

O remo era popular e, ao mesmo tempo, chique. As provas eram prestigiadas pelo presidente da República, por políticos, industriais, banqueiros, escritores. Os ricos abriam suas portas para festas e banquetes em torno da competição, a fim de exibir seus emblemas: casas, roupas, joias, vinhos, pratarias. Pela quantidade de homens usando uniformes e quepes de comodoro nessas festas, podia-se imaginar que o Rio sempre vivera voltado para o mar. Na verdade, o fenômeno era recente: os ingleses haviam introduzido o esporte na cidade apenas trinta ou quarenta anos antes, na segunda metade do século xix. Em 1905, quando o prefeito

MAIS QUERIDO NO MAR

Em 1916, a Marinha prestigia a nova garagem de barcos do Flamengo, na praia de Santa Luzia [abaixo], com um mastro oferecido pelo almirante Alexandrino

Pereira Passos construiu o lindo Pavilhão de Regatas, na própria enseada de Botafogo, o remo estava no auge da popularidade. E, embora outros clubes tivessem sido fundados antes, fora o Flamengo que atiçara aquela comoção. "O Clube de Regatas do Flamengo tem uma dívida a cobrar dos cariocas", escreveria, anos depois, o cronista João do Rio. "Dali partiu a formação das novas gerações, a glorificação do exercício físico, para a saúde do corpo e a saúde da alma. [...] Foi o núcleo de onde irradiou a paixão avassaladora pelo esporte."

O remo concentrava tanto a atenção do povo que, em comparação, o futebol, apenas começando a surgir, era uma atividade quase clandestina. Desde 1897, alguns clubes terrestres já disputavam partidas amistosas, mas, se estivessem se dedicando a imprimir panfletos anarquistas ou tramando um atentado contra o amado poeta Catulo da Paixão Cearense, passariam igualmente imperceptíveis. Em seus primórdios, o futebol no Rio atraía menos gente que qualquer outro "esporte": brigas de galos, corridas de cachorros e provas de patinação, para não falar do turfe. Marcar um jogo de futebol para uma tarde de regatas era suicídio — nem os jogadores iriam. Mesmo quando começou rapidamente a disseminar-se, continuou a ser visto como um esporte da elite, coisa dos ingleses residentes aqui ou de brasileiros que tinham ido estudar na Europa e de lá trazido bolas, chuteiras e jogos de camisas.

Além disso, faziam certas comparações que deixavam mal o futebol. O remo, entre outras coisas, era o esporte másculo por excelência. Perto dele, o futebol parecia um jogo de mocinhas. Era só ver os atletas de um e de outro. Os remadores eram rapazes altos e fortes, uma elite de super-homens bronzeados e quase nus, que se desafiavam no mar. Comparados a eles, os jogadores de futebol eram nanicos e magros, mais ainda dentro daquelas camisas de mangas compridas e dos calções folgados, quase ceroulas, que chegavam ao meio das canelas. Quando se via um jogador mais troncudo, não dava outra: era, na verdade, um remador que também jogava futebol. Ainda não sabíamos que a graça do futebol estava exatamente nisto — no fato de que ninguém precisava ser um gladiador para praticá-lo. E de que até crianças podiam jogar futebol. Foi por isso que o futebol começou a pegar. Podia ser praticado — não apenas passivamente assistido. Para ser remador, era preciso ser um atleta perfeito, pertencer a um clube, e, afinal, não havia tantos clubes de regatas assim. Já o futebol podia ser jogado por qualquer um: crianças, adolescentes, adultos e mesmo por gente de certa idade. Podia também ser praticado em qualquer lugar, como no pátio do colégio ou da fábrica, num terreno baldio, na praia ou no meio da rua. As traves do gol podiam ser duas pedras ou dois montinhos de roupa. Se não houvesse chuteiras, qualquer sapato servia ou se jogava descalço mesmo. E a bola não precisava ser de couro, com câmara de ar — podia ser de meia, recheada de jornal ou do que houvesse à mão. O povo aprendeu rápido essas diferenças. De repente, em 1900, já havia tanta gente jogando futebol no Rio que até os colégios passaram a difundir sua prática.

A partir de 1902, surgiram os primeiros clubes de verdade: o Fluminense, o América, o Bangu, o Rio-Cricket, o Paysandu e o Riachuelo. Nenhum deles molhava o pé — todos exclusivamente terrestres. Em 1904, surgiu também o Botafogo do futebol, nada tendo a ver com o Botafogo das regatas, que já existia — eram dois clubes distintos, apenas fundados no mesmo bairro (só se fundiriam em 1940). E, durante toda a primeira década do século, a divisão permaneceu entre os clubes do Rio: de um lado, os clubes de futebol, disputando campeonatos desde 1906, mas ainda invejando a popularidade do remo; de outro, os de regatas, esnobando o pessoal do futebol.

Até que, em fins de 1911, aconteceu o impossível. O time de futebol que acabara de sagrar-se campeão da cidade (e, ainda por cima, invicto) abandonou em massa o seu clube de origem — o Fluminense — e foi fundar a seção de futebol num clube de regatas: o Flamengo. Nos céus do Rio, estrelas e cometas se atropelaram.

4

O TROPEL DAS CHUTEIRAS

Imagine se fosse hoje. Na reta final do Campeonato Carioca de 1911, faltando apenas dois jogos, nove jogadores do Fluminense rebelaram-se contra a decisão do *ground comittee* (a comissão técnica) de barrar o centroavante Alberto Borgerth, líder e capitão do time. E de substituí-lo por um zagueiro, Ernesto Paranhos, improvisado em atacante! Era um tempo de especializações, de funções rigidamente definidas em campo. Um ponta-esquerda nunca se aventurava pelas bandas da direita; um defensor só faltava mostrar o passaporte para atravessar o meio do campo; um centroavante não era admitido na sua própria grande área nem como visita. Barrar um atacante por um beque era quase um insulto.

Os jogadores protestaram, mas os dirigentes do Fluminense fizeram pé firme, e o time, unido em torno de Borgerth, ameaçou não entrar em campo para a partida final. Muito depois, o tricolor Nelson Rodrigues escreveria com tristeza: "Eu gostaria de saber que gesto, ou palavra, ou ódio deflagrou a crise. Imagino bate-bocas homicidas". Mas não houve gestos nem bate-bocas, porque, numa reunião na Pensão Almeida, na rua do Catete, Borgerth traçou a estratégia: o Fluminense iria jogar as duas partidas finais, honrar suas cores e dar tudo de si — depois, decidiriam o que fazer. E foi o que aconteceu: mesmo sem Borgerth em campo, o Fluminense derrotou o Rio-Cricket por 5 a 0, na penúltima rodada, e foi campeão por antecipação e invicto — o quinto título de sua história.

A resposta veio na noite do último jogo, no banquete promovido pelo clube num hotel de luxo para comemorar o campeonato. Nove dos onze titulares campeões não compareceram — Borgerth, Baena, Píndaro, Nery, Amarante, Galo, Orlando Mattos, Gustavo de Carvalho e Lawrence Andrews. E, oficializando a coisa, comunicaram sua decisão de que estavam deixando o Fluminense.

Na época, isso podia acontecer. Os jogadores eram amadores, não assinavam contratos, não eram empregados dos clubes. Ao contrário: eram dirigentes ou associados, pagavam mensalidade e faziam suas próprias chuteiras no sapateiro. Quase todos eram estudantes ou tinham família abonada. Jamais trocariam de time no meio do campeonato, porque eram homens retos, íntegros, de palavra. Mas nada os impedia de tomar essa atitude entre um campeonato e outro. E, então, toda a cidade começou a se perguntar para onde iriam os craques do Fluminense.

Pelos relatos oficiais, nem eles sabiam. Em reuniões sucessivas, muitas ideias surgiram, entre as quais a de fundar um novo clube. Mas a tese vencedora, proposta por Borgerth, foi a de que eles criassem uma seção de futebol no Flamengo.

Por que não? Havia uma aproximação entre os dois clubes. Vários daqueles jogadores eram sócios e torcedores do Flamengo no remo — ao passo que os remadores do Flamengo torciam pelo Fluminense no futebol. Quem não se empolgou de saída com a ideia foi o próprio Flamengo, que, como todo clube de regatas, não queria se misturar com o futebol. O futebol era elite, não se esqueça, e o Flamengo já era um clube popular.

Mas a presença de Borgerth foi decisiva: além de craque do futebol, ele era também patrão de remo — e patroava as guarnições do Flamengo. Por causa dele, na noite de Natal de 1911, o Flamengo aceitou criar não apenas a seção de futebol, mas todo um departamento de esportes terrestres — o primeiro clube de regatas a fazer isso.

Hoje se especula se Borgerth não teria premeditado tudo: rubro-negro de coração e tricolor por circunstância, ele poderia ter insuflado a crise no futebol do Fluminense para transferi-lo para o Flamengo. Seja como for, deu certo.

Com Borgerth, foram para o Flamengo o grosso dos titulares do Fluminense e mais uma quantidade de jogadores reservas, juvenis e até infantis das Laranjeiras. Jogadores de outros clubes, como o Botafogo e o América, espontaneamente se juntaram a eles e, de um dia para o outro, o Flamengo já contava com seu primeiro, segundo e terceiro times.

Ganhou também uma multidão de novos associados, cariocas adeptos do futebol, surgidos não se sabia de onde, e os que, esquecendo preferências clubísticas anteriores, decidiram seguir os seus heróis para onde eles estivessem indo. Enfim, da noite para o dia, o Flamengo incorporou uma torcida inteira. E, finalmente, se tornou de terra e mar.

Evidente que, sendo até então um clube de regatas, o Flamengo não dispunha de um campo de futebol. Seus jogadores teriam de treinar na rua, como vira-latas. Pois foi o que fizeram. A Prefeitura cedeu ao Flamengo a pracinha gramada defronte à praia do Russel, perto de onde depois se construiria o Hotel Glória. E o que podia parecer humilhante para os jogadores acabou se convertendo na sua consagração.

Eles se trocavam na garagem dos barcos, na praia do Flamengo, e saíam uniformizados, a pé, em direção ao Russel, a trezentos metros dali. A marcha daqueles jogadores pela rua, o tropel das chuteiras na calçada e o ruído das bolas quicando no cimento atraíam hordas de garotos atrás deles. *Eles* eram o Baena, o Píndaro, o Nery, o Galo, o Gustavo, o Borgerth, os campeões da cidade, os ídolos — mas que, como então se descobria, eram também de carne e osso. Podiam ser cumprimentados, tocados, ter a palavra dirigida. De repente, uma bola rolava em direção à rua; um dos garotos a devolvia para o Galo com um chute e podia gabar-se de ter "jogado com o Galo". E isso durou quatro anos. A peregrinação quase diária daqueles craques em meio às crianças, durante tanto tempo, acabou de seduzir uma cidade inteira para o futebol e criou toda uma geração de jovens torcedores do Flamengo.

Ao acolher o futebol, o Flamengo só impusera uma condição: as cores seriam iguais, mas o time de futebol não usaria a camisa do remo. O pessoal do futebol achou justo. E, assim,

TORCIDA DE ELITE

De anquinhas e palhinhas: era assim a torcida que foi assistir ao Flamengo ser bicampeão sobre o Bangu em 1915

em vez das já tradicionais listras, o Flamengo entrou em campo pela primeira vez, no Campeonato Carioca de 1912, com uma camisa de grandes quadrados pretos e vermelhos, estilo turfe, fabricada na Inglaterra.

O povo não perdoou e chamou-a de "papagaio de vintém", por lembrar as pipas de papel que os meninos empinavam. Mas, com ou sem "papagaio de vintém", o Flamengo estreou no futebol com uma vitória arrasadora: 16 a 2 sobre o pequeno (depois extinto) Mangueira, no campo do América. Para se ver como o futebol era mais risonho e franco, foi o maior placar registrado até hoje na história do clube. E o autor do primeiro gol rubro-negro foi o meia Gustavo — Gustavo de Carvalho —, que, 27 anos depois, se tornaria presidente do Flamengo.

A saída dos jogadores do Fluminense para o Flamengo, poucos meses antes, fora notícia nos jornais e assunto de comentários nos cafés, bares e confeitarias. Pois, agora, em meio ao campeonato, Flamengo e Fluminense iam se enfrentar pela primeira vez, no campo do Fluminense, na rua Guanabara (futura rua Pinheiro Machado). Era como se fosse o ex-time titular do Fluminense, só que vestido com as cores do Flamengo, enfrentando os seus próprios reservas, estes, naturalmente, fardados com a tricolor. Nas circunstâncias, o normal seria que o Flamengo vencesse. Mas, surpreendentemente, quem venceu foi o Fluminense, por 3 a 2, aproveitando-se do excesso de confiança dos adversários, e com o gol da vitória sendo marcado a sete minutos do fim. Seja como for, o fairplay prevaleceu: terminada a partida, os jogadores do Flamengo, educadíssimos, postaram-se diante da social do Fluminense e saudaram os associados que, até tão pouco antes, vibravam e torciam por eles.

Foi um gesto bonito, mas não impediu que, para as duas torcidas, aquilo deflagrasse a rivalidade Flamengo x Fluminense. A expressão Fla-Flu só seria criada dali a muitos anos, mas Nelson Rodrigues teria razão ao escrever que o Fla-Flu já existia 40 mil anos antes do Nada.

A vitória tricolor na primeira partida fez com que o segundo Flamengo x Fluminense da história, três meses depois, já fosse visto como um clássico. E, nesse jogo, o Flamengo passeou em campo, vencendo por 4 a 0. Não só isso, como o Flamengo levaria os quatro anos seguintes derrotando o Fluminense, sem perder nenhuma. O terceiro jogo entre eles, pelo campeonato de 1913, também foi espetacular, porque o Fluminense terminou o primeiro tempo vencendo por 3 a 0, e o Flamengo virou para 6 a 3. Jogos como esse (e o Fla-Flu sempre foi assim) ajudaram a cimentar a lenda.

Nos cem anos que se seguiram, Flamengo e Fluminense alternaram-se em vitórias e conquistas nas quais a alegria de um sempre custou o sofrimento do outro. Mas, para o Flamengo, o Fluminense é só um adversário, não um inimigo. E, ao contrário do que aconteceria nos confrontos entre outros clubes, sempre houve uma relação especial entre as duas torcidas. Talvez movidos por um ancestral sentimento de culpa, os torcedores rubro-negros olham com carinho e admiração para o Fluminense, como que buscando sua tolerância ou, quem sabe, aprovação. Já os tricolores veem o Flamengo como um moleque degenerado, um irremediável cafajeste, no máximo merecedor de algum desprezo.

Bem, pelo menos, não é ódio!

O Flamengo não foi o campeão carioca de 1912, nem de 1913. Foi vice nas duas vezes. Não estava mau para um clube que acabara de ser apresentado à bola, mas sua torcida queria mais. Como se explicava que, com aqueles craques, o Flamengo não fosse o maior?

A culpa só podia ser da camisa — era o "papagaio de vintém" que não estava dando sorte. E, então, em 1914, trocou-se o fardamento: saíram os quadrados e voltaram as listras vermelhas e pretas, mas com uma listra branca entre elas — mais uma vez para torná-la diferente da camisa dos remadores. A nova camisa também não ficou impune: o povo apelidou-a de "cobra-coral". Parecia mesmo uma cobra-coral, comprida, muito justa, de listras finas e ofídicas. Mas foi com ela que o Flamengo se tornou campeão carioca em 1914 e bicampeão invicto em 1915. E, pela primeira vez, a cidade conheceu um Carnaval da vitória provocado pelo futebol.

Não um jantar de fraque, num restaurante fechado, para os jogadores, os associados e suas famílias, como fazia o Fluminense. Mas Carnaval mesmo, à vera, com o reco-reco tomando a praia do Flamengo, a rua do Catete e o largo do Machado. Vários daqueles jogadores, como Baena, Píndaro, Nery, Galo, Paulo Buarque e Borgerth, eram remanescentes da fundação do futebol do Flamengo e, antes, já tinham sido campeões pelo Fluminense. Mas, no Flamengo, era diferente: o clube partilhava sua alegria com qualquer um. Eles devem ter gostado dessa diferença, porque nunca mais se afastaram do Flamengo. Um deles, Galo (o único que, por não querer saber de estudar, não

se tornou médico ou advogado), passaria o resto da vida como funcionário do clube. No comecinho dos anos 70, um jornal promoveria o encontro na Gávea entre o velho Galo, o craque do passado, com um então craque do futuro: Zico, o Galinho.

A "cobra-coral" era uma camisa vitoriosa, mas a Primeira Guerra Mundial, então em vigência na Europa, determinou o seu fim. Descobriu-se que, com aquela listra branca separando as listras em vermelho e preto, ela lembrava a bandeira do grande vilão do momento, a Alemanha. Com isso, em 1916 (no mesmo ano em que inaugurou seu primeiro campo, num terreno arrendado à família Guinle na rua Paissandu, pertinho do

FLA-FLU ANTES DO FLA-FLU

O 2 a 2 contra o Fluminense nas Laranjeiras, casa do adversário, dá o título de 1920 ao Flamengo. Sem rancores, Flamengo e Fluminense já mobilizavam a cidade, mas rubro-negros e tricolores ainda viviam seu parentesco

O MANTO CHEGA AOS GRAMADOS

Em 1916, a camisa de listras largas, em vermelho e preto, do remo, chega finalmente ao futebol, unindo a elite ao povo

Fluminense), o Flamengo unificou os uniformes, e os jogadores puderam ser mais rubro-negros do que nunca. Pouco depois, o Flamengo oficializou de vez os seus emblemas, a começar pela bandeira, com a âncora e os dois remos ladeados e encimados pelas iniciais do clube em letras brancas e entrelaçadas, tudo isso sobre as listras vermelhas e pretas.

Em 1920, ao ser novamente campeão no futebol e, ao mesmo tempo, no remo, o Flamengo inaugurou a expressão a que outros clubes levariam muitos anos para fazer jus: campeão de terra e mar, expressão consagrada no "Hino rubro-negro", composto naquele ano pelo teatrólogo e jornalista Paulo Magalhães — começando com "Flamengo, Flamengo, tua glória é lutar/ Flamengo, campeão de terra e mar". Anos depois, o clube faria da composição de Paulo Magalhães o seu hino oficial. Oficial? Isso mesmo. A marcha "Hino do Flamengo", de Lamartine Babo, que começa com "Uma vez Flamengo, sempre Flamengo/ Flamengo sempre eu hei de ser", de 1946, é apenas o hino extraoficial, embora seja o que a torcida consagrou — e o que todo mundo conhece e canta. (Para o registro, a marcha de Lamartine foi cantada pela primeira vez, naquele mesmo ano, pelo conjunto vocal Namorados da Lua, do vascaíno Lucio Alves, no programa de rádio *Trem da Alegria*, de Heber de Bôscoli, transmitido do Teatro Carlos Gomes, na praça Tiradentes, para a rádio Nacional.) O próprio verso "Uma vez Flamengo, sempre Flamengo" não era uma criação de Lamartine, mas do folião e rubro-negro Julio Lopes, que, em 1929, venceria com ela um concurso público para se escolher uma frase sobre o clube.

Anos depois, Julio Lopes seria também o criador de uma das instituições mais pitorescas do Carnaval carioca: o Bloco do Eu Sozinho — sensação que ele jamais pôde ter em meio à torcida.

Em 1921, o Flamengo foi campeão de novo no futebol, só que invicto. Aliás, e mais uma vez, bicampeão. Essa sucessão de conquistas, em tão poucos anos, continuou a engrossar sua torcida.

Mas o episódio que começaria a fazer do Flamengo uma religião aconteceu em 1923 — e, mais uma vez, teria como estopim logo quem? O Vasco da Gama.

8 DE JULHO DE 1923

35 mil pessoas foram ver o jogo da vingança, Flamengo x Vasco, nas Laranjeiras — o maior público do futebol brasileiro até então. Deu Fla 3 a 2

5
FLAMENGO VINGADOR

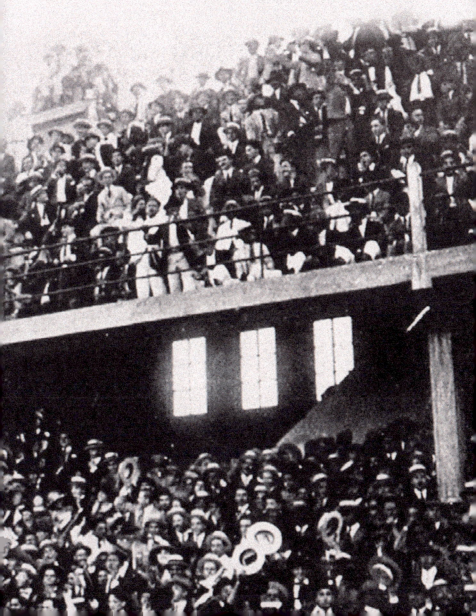

FUNDADORES DA RIVALIDADE

A briga, que começara no remo, passou para o futebol. Pelo Flamengo, Iberê, Penaforte, Telefone, Mamede, Seabra, Dino, Galvão Bueno, Candiota, Nonô, Junqueira e Moderato. Mas o campeão de 1923 foi o Vasco (à direita)

Assim como o Flamengo, o Vasco começou a vida como um clube de regatas. E, assim como o Flamengo, que herdou um time de futebol de outro clube, o Vasco também herdou o do Lusitânia, formado em 1914 por rapazes portugueses residentes no Rio e cuja entrada na Liga fora vetada justamente por isso: porque o Lusitânia proibia a participação de jogadores brasileiros.

A solução para o Lusitânia foi fundir-se com o Vasco, que, embora também fosse um clube da colônia portuguesa, admitia brasileiros como associados e atletas. A fusão aconteceu em 1916, e então o Vasco passou a praticar o futebol. Mas não entrou direto na disputa do campeonato contra os grandes, como o Flamengo, o América, o Botafogo ou o Fluminense. Teve de começar de baixo, pela terceira divisão, e levou sete anos para subir.

Em 1923, finalmente, lá estava o Vasco na primeira divisão. Um ilustre desconhecido para os torcedores cariocas que não fossem os portugueses — e, como tal, incapaz de assustar alguém. A ideia era que o Vasco podia ser uma potência nas regatas, e era mesmo, mas, em 1923, estas já tinham sido amplamente superadas pelo futebol na paixão popular. Futebol era outra coisa — e, pelo que se sabia, o Vasco era apenas um time pequeno, da colônia portuguesa.

Então veio o campeonato, e o Vasco começou a ganhar de todo mundo. Foram oito vitórias sucessivas, sobre o Flamengo, o Fluminense, o Botafogo, o América, o Bangu e os times menores. E com uma curiosidade: quase sempre era o seu adversário que abria o placar e terminava o primeiro tempo vitorioso. No segundo tempo, enquanto o outro time punha a língua para fora e começava a se arrastar em campo, o Vasco, pimpão, esbanjava fôlego e virava facilmente a partida. Seus jogadores davam a impressão de que poderiam continuar correndo o dia inteiro.

Por que o Vasco não perdia para ninguém? Porque seus jogadores treinavam todos os dias. Os dos outros times podiam ser craques, mas eram amadores puros, acadêmicos de direito ou de medicina, que se dedicavam ao futebol por prazer. Em época de provas na faculdade, não podiam comparecer à ginástica, mesmo que o jogo da semana fosse decisivo. Outros trabalhavam no comércio ou como funcionários públicos, e nem sempre eram dispensados pelo chefe para ir treinar. E a maioria deles não via nada de mais em passar a noite no Lamas ou num dos formidáveis cabarés da Lapa, na véspera de uma partida. Enquanto esse vai da valsa vigorou em todos os clubes, os jogos eram equilibrados — porque, no segundo tempo, os dois times estavam igualmente mortos. Para desequilibrar a balança, bastou que um clube botasse seus jogadores para treinar a sério.

E como o Vasco conseguia que seus jogadores treinassem tanto? Porque eles não pertenciam às famílias abonadas, nem eram os futuros doutores dos outros clubes. Eram rapazes humildes, biscateiros e desocupados, vindos da população dos cortiços, alguns deles negros ou mulatos, como os personagens dos romances de Aluísio Azevedo. O futebol era amador e eles não podiam ser pagos para treinar e jogar. Mas nada impedia que os comerciantes portugueses no Rio os empregassem em seus armazéns ou lojas de ferragens, e fizessem vista grossa quando eles faltavam ao serviço por dias seguidos. Seus patrões sabiam que, com chuva ou com sol, eles estavam dando voltas ao redor do campo do Vasco, na rua Moraes e Silva, no bairro do Maracanã, e que depois iam bater bola e treinar até não poder mais. Com um preparo físico que os outros não tinham, o Vasco não perdia para ninguém.

Naturalmente, só os torcedores do Vasco estavam adorando aquilo. O resto da cidade começou a amargar um feroz ressentimento contra o time "dos portugueses". Mesmo que esse time "dos portugueses" fosse, no fundo, até mais brasileiro que os outros — porque, afinal, era o único que contava com jogadores brancos, negros e mulatos. Aliás, é menos verdade que o Vasco tenha sido o primeiro clube brasileiro a aceitar jogadores "de cor". Antes dele, o América, mesmo contra a vontade de seus associados, já disputara o campeonato de 1921 com o jogador negro Antonio Muniz Duarte, o "Manteiga". E, antes dele, o Fluminense, em 1914, com o famoso mulato Carlos Alberto, que tentava disfarçar a cor empoando o rosto com talco — as torcidas adversárias recebiam-no aos gritos de "Pó de arroz!", o que deu origem ao apelido do tricolor. E, antes ainda, o Botafogo, em 1906, com o bem escuro Paulino de Souza. Mas esses eram casos isolados. E, de qualquer forma, o preconceito era raramente assumido. Uma maneira disfarçada de barrar os negros nos times era o maroto item do regulamento da Liga, obrigando os jogadores a saber ler e escrever — difícil de cumprir para a maioria dos negros brasileiros de então.

Então, por que o Vasco era considerado mais o time "dos portugueses" do que o dos negros e mulatos? Porque sua identificação com a colônia portuguesa era fortíssima e, apenas um ano antes, em 1922, a comemoração do centenário da Independência reacendera um forte sentimento antilusitano no Brasil. Sentimento esse que levara até o cronista João do Rio a apanhar na rua, acusado de excesso de lusofilia.

E, então, chegou o Flamengo x Vasco do segundo turno. Foi o grande assunto da cidade durante a semana e, pela primeira vez, o futebol ganhou destaque nos noticiários. O Rio se uniu a favor do Flamengo e contra o Vasco — os torcedores do Fluminense, do Botafogo, do América e até dos times pequenos, todos derrotados pelo Vasco, viram no Flamengo o vingador. Podiam não gostar do Flamengo, mas, nem que fosse por uma semana, precisavam torcer para que ele quebrasse a hegemonia e a crista dos vascaínos. E, assim, naquela tarde de domingo, 8 de julho de 1923, lá se foram todos para o estádio do Fluminense.

O público presente à partida já foi descrito como de 35 mil pessoas; outros falaram em 55 mil. O estádio do Fluminense estava longe de comportar tamanha lotação, embora a torcida tivesse tomado todas as dependências, não apenas as arquibancadas e cadeiras. Havia gente de pé na recém-inaugurada pista de atletismo, à beira do gramado, atrás dos gols, até onde a vista alcançasse. E, segundo Mario Filho, vieram portugueses de toda parte do Brasil, inclusive muitos que nunca tinham assistido a uma partida, mas que, cofiando os bigodes, já viam o Vasco como o seu clube. Mais provável é que ali estivessem cerca de 25 mil pessoas — de qualquer maneira, era o maior público presente a um jogo de futebol no país até então. Maior até que o dos jogos do Campeonato Sul-Americano de 1919, vencido pelo Brasil, ali mesmo, no campo do Fluminense. Daí a responsabilidade do Flamengo — era como se estivessem em jogo a independência, as armas e os brasões nacionais.

E o Flamengo não decepcionou. Ao contrário, arrasou. Para delírio da multidão, fez 2 a 0 no primeiro tempo, com gols de Candiota e Nonô. A torcida do Vasco estava muda, mas confiante — sabia que, no segundo tempo, a conversa seria outra. Reza a lenda que a mudez da torcida do Vasco era provocada pelos remadores do Flamengo, que tinham levado pás de remo para o estádio, embrulhadas em folhas de jornal — quando um português ameaçava balbuciar Vasco, levava com um remo na cabeça. Começou o segundo tempo e o Vasco logo fez o seu primeiro gol. Os vascaínos comemoraram, levaram as remadas na cabeça e silenciaram de novo, mas, para eles, a escrita iria prevalecer: mais um pouco e o Vasco fatalmente faria o gol do empate. Só que o Vasco não fez esse gol. Quem marcou pela terceira vez foi o Flamengo, com Junqueira, para grande espanto dos portugueses — e tome de remo na cabeça.

O Flamengo corria em campo como no primeiro tempo, sem demonstrar cansaço. Os vascaínos não entendiam de onde o Flamengo tirava aquele fôlego. É que não sabiam que, durante a semana, os craques rubro-negros também tinham se preparado, dormindo cedo, correndo de manhã bem cedo na praia e treinando muito. O Vasco ainda marcou o seu segundo gol, mas era tarde. O resultado final, consagrador, foi Flamengo 3 a 2 — uma vitória que converteu muita gente para as suas cores.

Mas o que aconteceu depois da partida entraria para a história do futebol brasileiro. Nunca a cidade comemorara tanto o resultado de um jogo. Houve o corso da vitória, de Laranjeiras a São Cristóvão, ida e volta, com mais de cem carros de capota arriada e com rapazes e moças, de pé sobre os bancos, gritando Flamengo. O carnaval avançou pela madrugada e, numa tradição que já vinha do remo, os principais pontos dos portugueses no Rio levaram a breca, como o bar Capela, na Lapa, e a cervejaria Vitória, na praça Onze. Um tamanco gigante foi roubado da fachada de uma sapataria no Catete e pendurado na porta da sede do Vasco, onde se depositou também uma coroa funerária comprada no Mercado das Flores. A estátua de Pedro Álvares Cabral, na Glória, foi enfeitada com réstias de cebola. Outra maldade era repetir, de gozação, o que os próprios portugueses do Rio diziam, que o "Basco" era uma "putência". A cidade pertenceu ao Flamengo durante uma semana, e muitos comerciantes portugueses nem abriram as portas.

Tudo isso foi contado por Mario Filho em crônicas imortais, depois reunidas em seu livro *Histórias do Flamengo*. Dali a algumas semanas, o Vasco seria campeão do mesmo jeito, mas, por causa do Flamengo, deixou de ser campeão invicto. Dá para entender agora a maior rivalidade do futebol brasileiro?

Note bem, estamos falando de 1923 — e essa rivalidade já existia, no remo, desde o fim do século anterior!

Curiosamente, a antipatia mútua entre Flamengo e Vasco não impediu que o Flamengo sempre tivesse torcedores na colônia portuguesa no Brasil. Para começar, três portugueses natos foram seus presidentes. Dona Laura, mulher do baiano Jayme de Carvalho, fundadores da Charanga, era portuguesa. E seu Antunes, pai do maior jogador da história do clube — Zico —, também era português da melhor cepa, nascido em Tondelas, freguesia de Coimbra. Aliás, muito antes de nascer o caçula Zico, poucas famílias no Rio podiam ser mais Flamengo do que a bela família Antunes: pai, mãe, tias, os cinco filhos mais velhos e até o cachorro — chamado Mengo —, todos eram Flamengo até debaixo d'água.

REQUISITADO

Com Batalha [goleiro], Penaforte, Hélcio, Japonês, Zito, Hermínio, Vadinho, Candiota, Nonô, Aché e Moderato, o Flamengo, campeão de 1925, já era o xodó nacional

6
A MÍSTICA DA CAMISA

O Flamengo foi novamente campeão carioca em 1925, com um timaço que incluía Penaforte, Hélcio, Nonô, Vadinho e Moderato. Mas o título rubro-negro que sacudiu a cidade foi o seguinte, o de 1927 — porque o Flamengo o ganhou praticamente sem time. Ali começou a mística da camisa "que jogava sozinha".

O causador involuntário disso foi o Paulistano, clube de São Paulo com quem o Flamengo mantinha ótimas relações. Dois anos antes, por exemplo, o Paulistano fizera uma vitoriosa excursão à Europa reforçado por três craques rubro-negros: Kuntz, Seabra e Junqueira. Em 1927, por rebelar-se contra o emergente "amadorismo marrom", o Paulistano tinha sido punido pela liga de futebol de São Paulo e estava proibido de enfrentar os times argentinos com quem acertara uma série de amistosos. O Flamengo ofereceu o seu campo na rua Paissandu ao Paulistano e foi advertido pela liga carioca de que, se fizesse isso, seria suspenso por um ano. Mas palavra era palavra, e o Flamengo honrou a sua com o Paulistano. O time paulista veio ao Rio, jogou suas partidas — e o Flamengo foi suspenso do Campeonato Carioca de 1927.

Muitos craques rubro-negros, não querendo ficar um ano sem jogar, aceitaram convites para defender outros clubes. Outros simplesmente encerraram a carreira e foram tratar da vida. Mas a liga do Rio não contava com a força popular do Flamengo — e houve uma grita generalizada, exigindo a sua volta. Os próprios adversários não admitiam disputar o campeonato sem o Flamengo. A liga teve de recuar e chamar o Flamengo de volta — mas, àquela altura, seu time tinha sido desfeito.

E então aconteceu esta coisa linda: jogadores aposentados ou semiaposentados, do Flamengo e de outros clubes, apresentaram-se na rua Paissandu para jogar. Reservas e juvenis foram promovidos. Com eles, armou-se às pressas um time, e o Flamengo, rodada após rodada, foi superando não só os adversários, mas sua própria falta de pernas. Quando os jogadores mal se aguentavam em pé, o coração entrava em campo. Na partida mais dramática, contra o Vasco, vencida pelo Flamengo por 3 a 0, o ponta-esquerda Moderato jogou com uma cinta para protegê-lo da cirurgia de apendicite a que se submetera dias antes. A torcida só foi saber disso depois do jogo e, mais uma vez, a aura de heroísmo envolveu o Flamengo. A ideia de que Moderato pudesse morrer em campo, com os pontos estourando e seu sangue confundindo-se com o vermelho da camisa — tudo isso pelo Flamengo —, era demais para o homem comum.

A intimidade da torcida com os problemas pessoais dos jogadores foi um dos motivos pelos quais o futebol superou o remo na paixão popular. Mas, quando se tratava do Flamengo, não havia distinção de gênero. No período de transição do prestígio do remo para o futebol, nos anos 10 e 20, foi o Flamengo que manteve por mais tempo a paixão do carioca pelas regatas — principalmente por ter em suas guarnições Arnaldo Voigt, considerado, durante muito tempo, o maior remador já surgido no Brasil.

Além disso, os remadores do Flamengo continuavam capazes das proezas mais surpreendentes. Em janeiro de 1928, dois deles fizeram o então impensável: a travessia Rio-Santos, a bordo de uma baleeira. Os remadores eram João Segadas Viana, diretor de regatas do clube e já então com mais de quarenta anos, e o jovem Antonio Ribeiro, filho do jornalista, crítico, historiador e filólogo João Ribeiro. A travessia levou nove dias, dos quais 92 horas remando, e eles foram aclamados pelos paulistas na chegada a Santos. A polícia do porto carioca achou aquilo uma loucura e proibiu que façanhas do gênero fossem tentadas de novo. Mas, em janeiro de 1932, num lance quase suicida, outros três remadores do Flamengo, Angelu, Boca Larga e Engole-Garfo, anunciaram que tentariam ir do Rio a Santos numa iole.

O desafio agitou a cidade, e a polícia prometeu agir. No dia e hora marcados, ela cercou a praia do Flamengo, para decepção da massa que, horas antes, já se concentrara para assistir à largada. Os remadores tapearam a polícia e saíram da praia do Leblon, direto em mar aberto.

Partiram e sumiram. Durante os primeiros dias e noites sem comunicação, a iole (não por coincidência, chamada *Flamengo*) foi considerada perdida. Angelu, Boca Larga e Engole-Garfo podiam estar morrendo — esta era a sensação geral. O *Jornal dos Sports*, lançado naquele ano pelo jovem Mario Filho, e com ele escrevendo quase o jornal inteiro, soltava várias edições diárias sobre o heroísmo dos atletas.

Mario Filho tinha a quem puxar. Seu pai, Mario Rodrigues, morto dois anos antes, era capaz de deixar a cidade sem respirar durante semanas com as coberturas policiais e de escândalos de seus jornais, *A Manhã* e *Crítica*. Não se sabia até que ponto Mario Rodrigues fabricava as notícias, mas seu talento para explorá-las era — e a palavra é esta — sensacional. Mario Filho, quando queria, também sabia usar de dramaticidade (não por acaso, os Marios, pai e filho, eram, respectivamente, pai e irmão do futuro dramaturgo Nelson Rodrigues). Enquanto pôde, seu jornal sustentou uma aura de suspense e martírio em torno dos remadores.

Cinco dias depois, quando a iole do Flamengo chegou a Santos com todo mundo vivo e com apenas três horas de atraso em relação ao tempo previsto, podia-se ouvir o país respirar aliviado. Mais uma vez, os remadores do Flamengo foram aclamados em Santos e, voltando ao Rio pelo cruzador *Bahia*, desfilaram em carro aberto pela avenida Rio Branco.

Os outros clubes não se conformavam. O remo do Flamengo não era campeão desde 1920 e o seu futebol não ganhava nada desde 1927, mas o povo e os jornais viviam se ocupando do Flamengo. E era só pensarem que o Flamengo estava morto para que ele renascesse — bastou a façanha de Angelu, Boca Larga e Engole-Garfo para que os remadores rubro-negros pas-

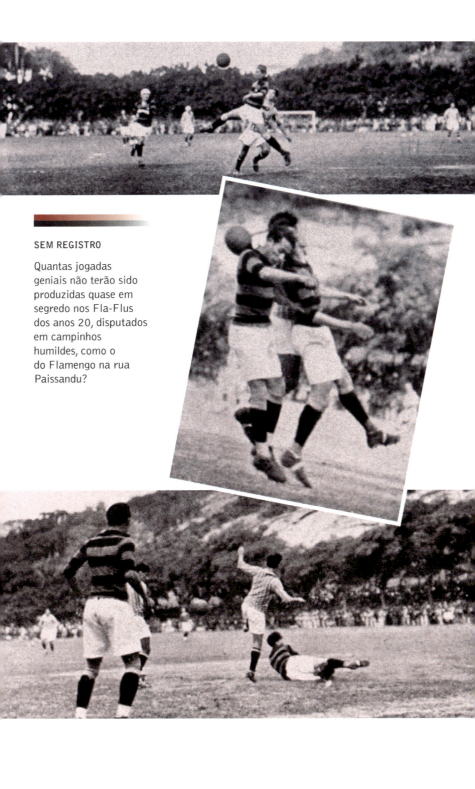

SEM REGISTRO

Quantas jogadas geniais não terão sido produzidas quase em segredo nos Fla-Flus dos anos 20, disputados em campinhos humildes, como o do Flamengo na rua Paissandu?

sassem a ganhar de todo mundo. De 1932 a 37, o Flamengo voltou a reinar no mar, sendo campeão todos os anos. Esses renascimentos se tornaram uma marca do Flamengo e, no futebol, aconteceu a mesma coisa. Depois de ser campeão carioca em 1927, naquela campanha inesquecível, o Flamengo passou doze anos sem conquistar o título. Mas, quando recuperou o cetro, em 1939, era como se não só ele, mas todo o futebol estivesse renascendo.

Havia razões para se pensar assim. Aqueles doze anos até 1939 tinham sido uma época confusa do futebol brasileiro. As ligas e os clubes estavam divididos — de um lado, os realistas, defensores do profissionalismo; de outro, os românticos, que ainda lutavam para que o futebol continuasse amador. Mas o futebol já não era amador havia muito tempo — o amadorismo puro dera lugar ao que se chamava de "amadorismo marrom". Desde o Vasco, em 1923, e o São Cristóvão, campeão carioca de 1926, os clubes davam um jeito de pagar por fora os seus atletas. A instituição do "bicho", prêmio em dinheiro por uma vitória, estava mais do que consagrada.

E ainda havia os pagamentos em espécie: os jogadores dos clubes pequenos ganhavam galinhas, leitões ou cabritos depois de uma vitória sobre um grande. Já os dos clubes grandes eram "presenteados" de acordo com sua categoria. A prática era tão descarada que chegou até a música popular. O próprio Noel Rosa, em seu samba "Quem dá mais?", de 1930, tratou da renovação do contrato do centroavante Russinho pelo Vasco: "O Vasco paga o lote na batata/ E, em vez de barata/ Oferece ao Russinho uma mulata" — barata sendo, é claro, a baratinha Chrysler, o carro esporte da época.

Os clubes brasileiros podiam não ser abertamente profissionais, mas os jogadores já eram. Nessa época, muitos foram contratados por clubes da Argentina, do Uruguai ou da Europa, onde o profissionalismo já tinha barbas brancas. Em 1933, acabou-se a hipocrisia, e o futebol brasileiro adotou oficialmente o profissionalismo. Mesmo assim, pelos três anos seguintes, o futebol carioca não se entendeu, com campeonatos sendo disputados em ligas diferentes e com dois campeões por ano (menos o Flamengo, que nunca teve de dividir seus títulos cariocas com ninguém).

O Flamengo finalmente aderiu ao novo regime e, aos poucos, com José Bastos Padilha na presidência a partir de 1933, começou a montar um esquadrão. Em 1936, Padilha contratou o zagueiro Domingos da Guia, o meio-campista Fausto dos Santos e o atacante Leônidas da Silva, três gênios do futebol. Em 1937, trouxe Waldemar de Brito, grande atacante, que, dezoito anos depois, seria o "descobridor" de Pelé. A Padilha, o Flamengo deve a consolidação de sua popularidade, já imensa. Popularidade essa que cresceria ainda mais, com a criação da mística do Fla-Flu.

Foi quando o carioca descobriu que dez Fla-Flus por ano era pouco.

ÍDOLO DAS MULTIDÕES

Quando Leônidas da Silva chegou ao Flamengo em 1936, tornou-se o "Diamante Negro" e ganhou uma plateia à altura de sua genialidade

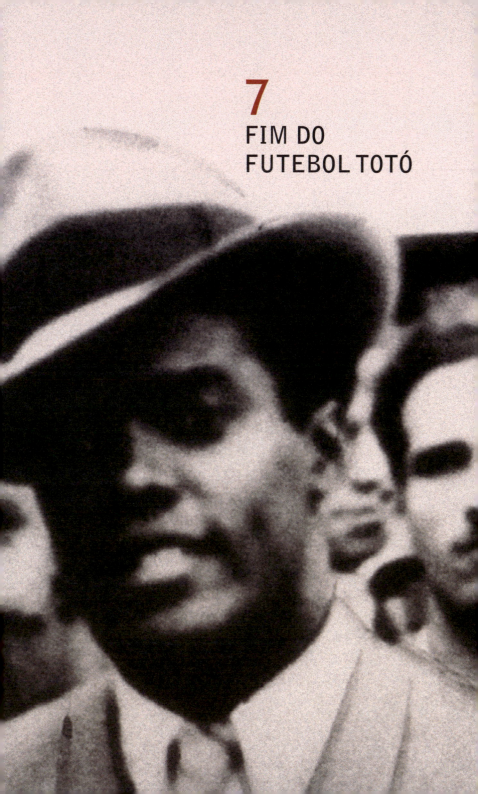

7
FIM DO FUTEBOL TOTÓ

Flamengo e Fluminense se enfrentavam desde 1912, mas, a provar a futura máxima de Nelson Rodrigues — a de que "Só os profetas enxergam o óbvio" —, a ninguém ocorrera ainda chamar o jogo de Fla-Flu. A sigla já surgira de passagem em 1925, por causa de uma Seleção Carioca formada apenas pelos jogadores dos dois times e que alguém apelidou de "Seleção Fla-Flu". Mas o Fla-Flu, o jogo propriamente dito, seria uma criação de Mario Filho em 1936, no *Jornal dos Sports*. E que felicidade para Nelson que seu irmão tivesse sido esse profeta do óbvio.

Não era uma simples brincadeira com as letrinhas. Na verdade, o Fla-Flu salvou o futebol carioca naqueles conturbados anos 30, de profissionalismo envergonhado, ligas rivais e campeonatos disputados paralelamente. Em 1936, por exemplo, um desses campeonatos abrigava o Vasco, o Botafogo e o Bangu; o outro, patrocinado por outra liga, tinha o Flamengo, o Fluminense e o América. O primeiro campeonato podia ser mais "oficial", reconhecido pela então CBD, mas o segundo era muito mais charmoso. Tanto que, em 1936, a final do torneio oficial foi um insípido Vasco x Madureira, enquanto, no outro, a coisa só se resolveu numa melhor de três entre Flamengo e Fluminense — o que elevou o número de Fla-Flus, apenas naquele campeonato, a seis! Contando com outros quatro amistosos disputados no mesmo ano, houve dez Fla-Flus em 1936. Todos com casa cheia, graças à rivalidade entre os dois clubes, aos timaços que ambos mandavam a campo e às campanhas de Mario Filho em seu jornal.

Mario Filho só não inventou a sigla, mas, em tudo e por tudo, foi o criador do Fla-Flu. Considerando-se suas raízes familiares (todos os seus irmãos eram Fluminense), seria normal que seu coração também batesse pelo tricolor — e não está descartado que isso lhe tivesse acontecido na infância profunda. Mas a aproximação de Mario com o Flamengo, desde sua atuação como redator esportivo no jornal do pai, *Crítica*, a partir de 1927, faz supor outra coisa. Ali mesmo, na edição do dia 25 de outubro, referindo-se ao time improvisado com que o Flamengo seria campeão naquele ano, foi Mario quem lançou a mística da "camisa que joga sozinha". E, em 1933, já no *Jornal dos Sports*, cunhou o slogan "Com o Flamengo, onde o Flamengo estiver", adotado pela multidão que invadiu os trens da Central para ver o Flamengo jogar no então distante campo do Bangu.

O melhor amigo de Mario Filho era José Bastos Padilha, muito antes que este se tornasse presidente do Flamengo. Por intermédio de Padilha, Mario conheceu veteranos dos primórdios rubro-negros, alguns até remanescentes da República Paz e Amor — o que lhe permitiu levantar as histórias que passaram a constituir a saga oficial do Flamengo. O aparente distanciamento com que contou essas histórias, em jornais e livros, não escondia a fascinação que sentia pelo clube e por sua torcida.

Mario Filho talvez não fosse um torcedor "puro" — mas também não era um puro jornalista. Havia quem o achasse um cartola e, de fato, Mario Filho falava de igual para igual com os dirigentes. Mas seu maior talento, além do de estilista, era como *promoter*, quando ninguém ainda sabia que essa palavra existia. Mario Filho criava marcas, fatos e eventos, e os promovia com grande *savoir-faire*. Uma dessas marcas foi o Fla-Flu.

Na semana anterior a cada um dos dez Fla-Flus de 1936, Mario Filho escrevia sobre o jogo todos os dias no *Jornal dos Sports* — e tudo em que ele tocava adquiria um tom épico, nostálgico, epopeico. Graças a ele, o torcedor aprendeu que o Fla-Flu tinha uma história, maior e mais antiga que a dos times que entrariam em campo (e, no futuro, estes também fariam parte da História, com H grande). Naqueles anos que o Flamengo atravessou sem ser campeão, Mario Filho alimentou a torcida com as glórias de um passado que, de tão fascinante, parecia medievo, de elfos e duendes.

Em 1937, o futebol carioca, finalmente pacificado e sob uma única liga, já podia dispensar os ditos elfos e duendes. Foi quando José Bastos Padilha fez o lance que faria o Flamengo ingressar na maioridade e tiraria o futebol brasileiro de um atraso de décadas em relação ao europeu: contratou o treinador húngaro Dori Kruschner.

Até a chegada de Kruschner, os times do Brasil jogavam como se fossem times de totó (em São Paulo, "pebolim"; no Rio Grande do Sul, olha só, "Fla-Flu"): goleiro, dois zagueiros, três médios e cinco atacantes — exatamente como em 1902. Kruschner começou a impor no Flamengo o sistema dos times europeus, com três zagueiros, dois médios de apoio, dois meias de ligação e três atacantes, como um W em cima de um M — o chamado sistema "WM", mais flexível. Kruschner também mudou os conceitos de ginástica, introduziu treinos táticos sem bola e, entre outras novidades, sugeriu ao Flamengo criar um segundo uniforme: o da camisa branca com a faixa rubro-negra ao peito, para os jogos noturnos. Novidade, depois, seguida pelos outros clubes.

A ideia do Flamengo, de trazer Kruschner, foi revolucionária — talvez revolucionária demais para a época. Nem sempre o treinador húngaro era bem entendido. Para começar, não falava português, e seu intérprete às vezes não conseguia transmitir o que ele queria dizer. Depois, Kruschner enfrentou a oposição da torcida por querer mudar as características de um de seus ídolos: Fausto dos Santos, "A Maravilha Negra". Fausto era meio-campista, mas Kruschner queria recuá-

CAMPEÕES DE 1939

Comandado pelo treinador Flávio Costa, o Flamengo de Yustrich, Valido, Domingos da Guia, Leônidas, Volante, Jarbas e outros craques recupera a hegemonia. E Mario Filho acabara de inventar a mística do Fla-Flu

SE PRECISO, RAÇA

Contra suas características, Domingos espana o ataque do argentino Independiente da área do Flamengo. O goleiro de costas é Yustrich

-lo para a zaga, por achar que, aos 33 anos, o craque já não conseguia correr o campo inteiro. Mas ninguém, nem mesmo Fausto, admitia um Fausto recuado. A pressão foi tanta que, em 1939, Kruschner teve de sair do Flamengo.

A realidade provou que ele tinha razão: Fausto, que cuspia sangue em campo jogando pelo Flamengo, largou o futebol e morreu poucos meses depois, aos 35 anos, de tuberculose. E o próprio Kruschner também morreria no Rio, amargurado, em 1941. Seu sistema tático, o "WM", seria adotado por seu sucessor no Flamengo, Flávio Costa, que, com ele, passaria a dominar o futebol brasileiro e seria muitas vezes campeão.

A começar pelo próprio ano de 1939, quando o Flamengo, com Domingos e Leônidas, encerrou o longo ciclo de doze anos sem ganhar o título carioca — o pior jejum de sua história.

Leônidas chegou ao Flamengo, em 1936, aos 22 anos. Nascera craque e já passara por vários clubes, inclusive fora do Brasil, mas, naquela época, só a torcida do Flamengo podia fazer justiça ao seu gênio. Um ano depois, era um dos três homens, para o bem ou para o mal, mais famosos do país — sendo os outros dois o odiado ditador Getúlio Vargas e o idolatrado cantor Orlando Silva. A diferença era que, por motivos óbvios, Getúlio e Orlando não podiam andar pelas ruas: Getúlio, para não ser assassinado por alguém que tivera as unhas arrancadas por sua polícia política; Orlando, para não ter os ternos rasgados pelas fãs ou morrer sufocado de beijos.

Já Leônidas mantinha uma relação de amor com a multidão. A cada segunda-feira, depois de dar mais uma vitória ao Flamengo, saía com seu chapéu de feltro, paletó cintado

BLITZ CONTRA HELENO

Às vezes era preciso que Newton, Domingos e [mais atrás] Biguá se juntassem para parar Heleno, como neste Flamengo 4 x 0 Botafogo de 1942

e sapatos de verniz, e desfilava pela avenida Rio Branco, seguido pela massa. Ele era o bom, e sabia disso — se alguém o achasse mascarado, que achasse. Mas, para a torcida, Leônidas podia ser mascarado quanto quisesse, porque fazia os gols. Homens e mulheres lhe eram gratos pelas vitórias e lhe ofereciam presentes em dinheiro, em espécie, em sexo. Nos seis anos em que atuou no Flamengo, até 1942, ele, que seria o "Diamante Negro", foi o rei do Rio.

Foi também o primeiro jogador a ter uma espécie de secretário: o futuro jornalista rubro-negro José Maria Scassa. Era Scassa quem falava por Leônidas, acertava suas aparições pessoais, negociava seus contratos e filtrava os bajuladores que queriam ser vistos ao seu lado. Scassa só se desgrudava de Leônidas quando este entrava em campo e invadia a área com seu pique irresistível. Ou quando, de costas para o gol, jogava-se para o ar e, paralelo à grama, trocava de pernas e chutava — a famosa "bicicleta".

Não se sabe quem inventou a "bicicleta". Sabe-se quem inventou o nome: Ary Barroso. Mas foi Leônidas quem fez dela uma marca — e no Flamengo. Um desses gols, talvez o mais bonito, aconteceu em 1939, no jogo Flamengo x Independiente de Buenos Aires, em São Januário. Leônidas deu a "bicicleta" da intermediária. No gol do Independiente estava Bello, titular da Seleção Argentina. Bello não viu de onde partiu a bola. Só viu que ela vinha na direção do gol e que, por mais que se espichasse, não conseguiria alcançá-la. Foi um jogo para a história, porque marcou também a estreia no Flamengo de um garoto de dezessete anos: Zizinho.

Zizinho não chegou a participar do Campeonato Carioca de 1939, mas, além de Leônidas, o Flamengo tinha outro gênio no time: Domingos da Guia. Ao chegar ao Flamengo, em 1936, Domingos também era garoto: tinha apenas 23 anos e já era o "O Divino Mestre", apelido que lhe fora dado pelos uruguaios. Estes lhe tinham sido apresentados num Brasil x Uruguai, no campo do Fluminense, em 1931, quando Domingos mal passara dos dezoito. Naquele jogo, ficou famosa sua história com o atacante uruguaio Dorado.

Dorado tomara a bola na intermediária, disparara em direção à área, passara como um búfalo pela defesa do Brasil — inclusive por Domingos, parado na linha da grande área — e acabara dentro do arco brasileiro, com goleiro e tudo. Todo mundo, inclusive Velloso, goleiro do Brasil, pensou que era gol. Mas não era. Na passagem, Dorado tinha sido silenciosamente desarmado por Domingos, que, com o pé sobre a bola, observava o uruguaio se estabacando dentro do gol pensando que ainda estava com ela.

Nada de mais nisso, era apenas Domingos já fazendo das suas. Era capaz de dominar a bola na pequena área do Flamengo e, em vez de despachá-la para a frente, como os outros faziam, saía driblando os adversários que tentavam tomá-la dele. A esse tipo de jogada, altamente virtuosística — e também arriscada —, deu-se o nome que se usa até hoje: "domingada". Mas só Domingos podia fazer "domingadas" — os outros zagueiros que se atreviam a tentar aquilo costumavam dar-se mal. E talvez o clube ideal para as "domingadas" de Domingos fosse o Flamengo. No austero Fluminense, por exemplo, elas não ficariam bem — podiam achar que ele estava debochando do adversário.

No Flamengo, Leônidas e Domingos viveram o apogeu de suas carreiras, inclusive em termos de Seleção Brasileira. Os dois disputaram a Copa do Mundo de 1938 na França, da qual Leônidas voltou com o apelido de "O Homem de Borracha", dado pelos franceses. A Lacta até inventou o chocolate Diamante Negro, em sua homenagem.

Mas o poder e a glória subiram demais à cabeça de Leônidas e, anos depois, em seus últimos tempos de Flamengo, ele começara a ser um problema. Só jogava ou treinava quando queria. Falava desaforos para os cartolas, teve o contrato suspenso, operou o joelho. Até que foi condenado pela Justiça Militar, por causa de um documento falso, e ficou oito meses preso. No dia do célebre "Fla-Flu da Lagoa", que decidiu o Campeonato Carioca de 1941, Leônidas não pôde jogar — estava cumprindo pena na Vila Militar.

Se ele estivesse em campo naquele Fla-Flu, em 23 de novembro de 1941, talvez as coisas fossem diferentes. Ou não? O jogo foi no então novo estádio do Flamengo, na Gávea, rente à lagoa Rodrigo de Freitas. O Fluminense tinha sido campeão carioca em 1940 e jogava pelo empate para conquistar o bicampeonato. Ao Flamengo só interessava a vitória. O Fluminense chegou a fazer 2 a 0, mas o Flamengo descontou com um gol do gaúcho Pirillo, substituto de Leônidas. E, faltando cinco minutos para o fim do jogo, com o Flamengo fazendo enorme pressão, Pirillo marcou de novo e empatou. Tudo indicava que a pressão continuaria, e o Flamengo viraria o placar. Então, o que fizeram os jogadores do Fluminense?

Começaram a isolar a bola na lagoa, que, em 1941, antes dos aterros, chegava juntinho ao campo do Flamengo. Com um chutão, a bola saía do estádio e caía na lagoa. E, com uma única bola em campo, o jogo tinha de parar. A bola voltava, novo chutão e nova bola na lagoa. Os remadores do Flamengo as pescavam e devolviam ao campo, mas elas eram chutadas de novo e o jogo voltava a parar. Naquele tempo, o árbitro era auxiliado por um cronometrista, mas, depois de tantas interrupções, nem Juca da Praia, o juiz, nem seu auxiliar, sabia mais quanto tempo restava de jogo. O jeito era encerrá-lo. O Fluminense conseguiu sustentar o dramático empate, e o Flamengo teve de contentar-se em ser o vice-campeão de 1941.

Mas, dali em diante, começaria o longo reinado rubro-negro, com o tricampeonato de 1942–3–4 — o qual ninguém podia imaginar que seria apenas o primeiro tri de uma linda série.

PRIMEIRO TRI

Com os títulos de 1942–43–44, Jurandir, Quirino, Newton, Valido, Jayme, Bria, Pirillo, Zizinho, Tião, Biguá e Vevé inauguraram uma tradição de tris cariocas que o Flamengo soube honrar

8
COMÍCIOS
INFLAMADOS

Um reinado que, surpreendentemente, se daria ao luxo de dispensar Leônidas. Em 1942, antes do campeonato, o novo presidente do Flamengo, Gustavo de Carvalho — autor do primeiro gol na história do clube naquele remoto 1912, lembra-se? —, cansara-se das más-criações do "Diamante Negro" e o vendera para o São Paulo. Para Gustavo de Carvalho, o Flamengo podia viver sem Leônidas, que já estava perto dos trinta anos (idade quase fatal para um jogador então) e se tornara um criador de casos.

No São Paulo, Leônidas acalmou-se, pelo menos em campo. Passou a valer-se mais da experiência que da ousadia e levou seu time várias vezes ao título paulista. Mas sua carreira na Seleção estava praticamente encerrada. E o Flamengo, por sua vez, já tinha o gaúcho Pirillo.

Quando Gustavo de Carvalho sentiu, em 1941, que não poderia continuar contando com Leônidas, foi ao Sul buscar Pirillo. E, artilheiro nato, Pirillo logo começou a marcar os gols que seriam de Leônidas se este estivesse em campo. Seus incríveis 39 gols no campeonato daquele ano estabeleceram um recorde até hoje não superado no Campeonato Carioca — e olhe que o Flamengo foi apenas vice.

Mas uma fração influente da torcida rubro-negra não se conformava com a saída de Leônidas: a turma que se reunia diariamente no Rio Branco, um café na rua São José, esquina com Avenida, sob o comando de Ary Barroso. Essa turma, formada por torcedores influentes (empresários, jornalistas, artistas) e cartolas da oposição, intitulava-se "O Dragão Negro" e conspirava pelo bem do clube. Não se sabe por quê, julgava-se uma sociedade secreta. Mas como podia ser secreta se um de seus membros era Ary Barroso?

No Brasil de 1941, até as pedras de rua conheciam Ary. Era o maior compositor nacional e um astro do rádio. O país inteiro cantava seus sambas, como "Foi ela", "Maria", "Camisa amarela", "Na batucada da vida", "Na baixa do Sapateiro", "Os quindins de Iaiá", "Morena boca de ouro" e muitos outros. E, com "Aquarela do Brasil", de 1939, ele já estava ficando internacionalmente famoso. Mesmo assim, tinha de trabalhar no rádio para pagar o aluguel. Na Rádio Tupi, Ary comandava um programa de calouros e era também o locutor esportivo.

Nessa última função, não se limitava a narrar o jogo. Quando um time fazia um gol, ele tocava uma gaitinha de plástico, dessas de camelô, que fazem firulilu (antecipando com isso os sinais eletrônicos que, muito depois, as rádios iriam utilizar). Claro que, quando era gol do Flamengo, a gaitinha tocava com muito mais paixão. E, se o gol fosse de Leônidas, a gaitinha ia ao delírio. Ary nem tentava controlar sua parcialidade ao narrar o jogo — todo mundo sabia que ele era Flamengo. Se o adversário atacasse com perigo, ele avisava: "Eu não quero nem olhar!" — fechava os olhos e a rádio ficava muda até o perigo passar.

Os ouvintes se divertiam com Ary, e os que eram Flamengo, muito mais. Mas o Vasco não pensava assim e, em 1942, proibiu-o de narrar um Vasco x Fluminense em São Januário. Ary não se apertou. Subiu ao telhado de uma casa num morro perto do estádio e, assistindo ao jogo de binóculo, narrou-o do mesmo jeito — com o ouvinte sabendo onde ele estava. Como o binóculo não lhe dava uma visão geral do gramado, Ary dizia os comerciais quando não sabia o que estava acontecendo. E, para quem o estava ouvindo e se esbaldando com a história, aquele jogo terminou aos 41 minutos do segundo tempo — quando ele encerrou a transmissão e saiu de fininho, para não enfrentar algum cruz-maltino de maus bofes (o Vasco depois retirou a proibição).

Com o estrondoso sucesso mundial de "Aquarela do Brasil" (que se tornara a trilha sonora da Segunda Guerra, juntamente com o fox-trot "Chattanooga choo-choo"), os americanos queriam que Ary se mudasse para os Estados Unidos, a fim de compor música para o teatro e o cinema. Ary foi. Passou alguns meses em Nova York e Hollywood, em 1944, e chegou a compor alguma coisa para um filme, mas preferiu voltar. Os americanos não se conformavam: não acreditavam que um compositor sul-americano pudesse esnobar tal oportunidade. Mas Ary sabia o que lhe faltava: "Aqui não tem o Flamengo", disse. E voltou para o Rio.

Ary não era apenas um torcedor, mas um militante do Flamengo. E tão furibundo que, às vezes, parecia estar contra o Flamengo. Por causa da venda de Leônidas, com a qual não se conformava, sustentou uma campanha terrível contra Pirillo. Se o gaúcho perdesse um gol, lá vinha, pelo microfone, um inflamado comício por Leônidas. Não importava que Pirillo marcasse dois ou três gols por partida e levasse o Flamengo a ser o campeão de 1943. Ary transformou sua viuvez por Leônidas numa comoção nacional. Mas Pirillo acabou por silenciar Ary, marcando os gols que levaram o Flamengo ao bi e ao tricampeonato carioca. No final, Ary já se convertera fanaticamente a Pirillo, que se tornaria o quinto maior artilheiro da história do clube, com a incrível marca de 207 gols em 228 jogos.

Em 1944, dois anos depois de vender Leônidas, o Flamengo cometeu outra ousadia: vendeu também Domingos da Guia para o futebol paulista, só que para o Corinthians. Mas, comparada à revolta pela venda de Leônidas, nem houve muita grita. Domingos ainda era o "Divino Mestre", mas já estava com 32 anos, idade vetusta para um jogador naquela época. E olhe que Leônidas fora substituído por outro craque, que era Pirillo. Mas Domingos, nem isso. Em seu lugar, entrou o apenas esforçado Quirino. O Flamengo, no entanto, vinha em tal embalo, com um time tão perfeito do goleiro ao ponta-esquerda, que Quirino não comprometeu. Tanto que os torcedores, meio de molecagem, o batizaram de "Quirino da Guia".

Quirino foi um dos primeiros de uma galeria de jogadores que não podiam ser exatamente chamados de craques,

UMA VEZ FLAMENGO...

A Charanga de Jayme de Carvalho [acima, de bigode] nasceu em 1942 e inspirou "torcidas organizadas" pelo país. À dir., Ary Barroso e sua gaitinha, trilha sonora dos gols do Flamengo no rádio

mas em quem a torcida rubro-negra via a alma do Flamengo. Outros, nas décadas seguintes, seriam Gringo, Hermes, Pavão, Jordan, Benitez, Esquerdinha, Henrique, Babá, Joubert, Ademar Pantera, Nelsinho, Rodrigues Neto, Merica, Liminha, Zé Mário, Fio "Maravilha", Dionísio ("O Bode Atômico"), Cantarelli, Arílson, Rondinelli ("O Deus da Raça"), Marinho, Manguito, Lico, Nunes, Nélio, Fábio Baiano, Beto, Leandro Ávila, Fabio Luciano. No Flamengo, eles se transformavam e jogavam por dois. Ou, às vezes, longe disso, mas a torcida os adotava como xodós do mesmo jeito. O maior exemplo recente disso foi o baiano Obina, que em 124 jogos pelo Flamengo, marcou apenas 33 gols — uma média de 0,26 por partida — e, mesmo assim, mereceu um bordão que, de tão absurdo, era até engraçado: "Ô, ô, ô / O Obina é melhor que o Eto'o". E não é que, às vezes, ele fazia gols que efetivamente lembravam o artilheiro camaronês?

O Flamengo podia dar-se ao luxo de dispensar Domingos porque, na campanha do tri, tinha o goleiro Jurandir, o lateral direito Biguá, o lateral esquerdo Jaime de Almeida e o volante paraguaio Modesto Bria (este literalmente sequestrado pelo Flamengo, aos dezoito anos, quando Ary Barroso foi de avião fretado a Assunção e o trouxe escondido para o Flamengo). Tinha também um ataque irresistível, com o artilheiro Pirillo, o meia Perácio e o ponta-esquerda Vevé. Esses, sim, eram craques. E, regendo essa orquestra, o craque absoluto: Zizinho, considerado o maior jogador da história do futebol brasileiro até o surgimento de Pelé — inclusive por Pelé.

O herói daquele tri, no entanto, não foi nenhum deles, mas um atacante argentino, Agustin Valido, que já fora campeão pelo Flamengo em 1939 e, não fosse o destino, só teria participado do primeiro título do tri, o de 1942. Ao fim deste último campeonato, Valido, já com 35 anos, pendurara as chuteiras, tornara-se um próspero industrial no Rio e não pensara mais em futebol, exceto como torcedor. Mas, dois anos depois, faltando duas rodadas para o fim do campeonato de 1944, ele deu um pulinho à Gávea para estimular os amigos. Naquela semana, o Flamengo tinha o Fluminense pela frente e depois haveria o último jogo, contra o Vasco. Flávio Costa, treinador do Flamengo, estava sem poder armar o ataque porque, com a entrada do Brasil na guerra, Perácio fora servir na FEB (Força Expedicionária Brasileira), na Itália. Seu reserva, Tião, não era grande coisa, e Pirillo, com uma "inflamação" nas partes baixas (codinome para gonorreia), também não estava 100%. Então Flávio, surpreendentemente, convidou Valido, 37 anos, a voltar ao time.

E Valido, mais surpreendentemente ainda, aceitou. Depois de dois anos sem ver bola, fez um treino, entrou em campo no dia 22 de outubro e ajudou a construir a acachapante vitória do Flamengo no Fla-Flu por 6 a 1.

O esforço na partida deixou-o quase incapaz de andar e, como se não bastasse, no meio da semana seguinte pegou um resfriado que o jogou na cama. Mas faltava a partida contra o Vasco, e Flávio Costa não abria mão de sua presença. E, assim, no dia 29 de outubro, com 39 graus de febre, Valido trocou o pijama pelo uniforme rubro-negro e foi jogar a decisão do campeonato.

Durante grande parte dos noventa minutos, apenas fez número na ponta direita — era como se o Flamengo estivesse com dez. O Vasco, que já tinha um esquadrão comandado pelo artilheiro Ademir Menezes, exercia enorme pressão e só por milagre não marcou. A quatro minutos do fim, falta a favor do Flamengo na lateral esquerda da área vascaína. Vevé cruzou e, no meio de um bolo de jogadores, o quase moribundo Valido saltou mais alto que o zagueiro Argemiro e testou para as redes.

Era Flamengo 1 a 0 e era o gol do tri — porque o jogo praticamente acabou ali. Uma vitória bem ao estilo Flamengo: no fim do jogo, suada, épica, inesquecível — e em cima do Vasco.

O Vasco estrilou, acusando Valido de ter-se escorado nas costas de Argemiro para fazer o gol. Mas ninguém viu aquilo,

FLA-FLU NA GÁVEA

Acima, Pirillo contra Batataes, goleiro tricolor. O Fluminense chutou várias bolas para a vizinha lagoa e sustentou o empate que o tornou campeão de 1941. À dir., o esteio Biguá

BEM NA FOTO

Superataque com Zizinho, Pirillo e o genial e quase esquecido Perácio. As cores do Flamengo saíam bem nas páginas do *Globo Sportivo* nos anos 40

só os vascaínos. Ary Barroso foi o único rubro-negro a aparentemente lhes dar razão: "Valido se escorou, sim. E teria sido melhor ainda se estivesse impedido e feito o gol com a mão".

Claro que Ary estava apenas tripudiando. Mas, naquela semana, nenhuma frase foi mais deliciosamente absurda que a do escritor José Lins do Rego, outro rubro-negro carnívoro. Zé Lins escreveu: "O tri do Flamengo é mais importante para o Brasil do que a batalha de Stalingrado" — numa desairosa referência à maior batalha da Segunda Guerra e a reduzindo quase a uma preliminar do Flamengo x Vasco.

* * *

Foi na campanha do tri (*daquele* tri — o primeiro) que o Flamengo inaugurou a primeira torcida organizada do futebol brasileiro. Seu criador, Jayme de Carvalho, chegara ao Rio, de ita, em 1927, vindo da Bahia, e já desembarcara rubro-negro. Desde então, passara a viver em função do Flamengo e empolgara a família na sua paixão.

Em 1942, no Fla-Flu que decidiu o campeonato, Jayme e sua mulher, Laura, levaram para as Laranjeiras faixas e bandeiras, uma bandinha de vinte músicos e os amigos que sempre torciam com eles. Uma das faixas dizia "Avante, Flamengo!" e seguiria o time por décadas. As bandeiras eram feitas com flanelas preta e vermelha, compradas num armarinho do Meier e costuradas por Laura — porque ainda não havia bandeiras de clubes à venda nas lojas. E a bandinha, que não parou de tocar por um minuto o hino do Flamengo, era tão desafinada que Ary Barroso a chamou de "charanga". Jayme de Carvalho, em vez de ofender-se, adotou o nome: Charanga. Foi ao som dela que o Flamengo se sagrou campeão naquela tarde e entrou em campo em *todos* os jogos do clube a partir dali.

Aos poucos, os outros clubes seguiram a ideia das torcidas organizadas. Mas nenhuma superou a importância histórica da Charanga, inclusive nos jogos do Brasil. Foi ela que, na Copa do Mundo de 1950, no jogo Brasil x Espanha, começou a tocar "Touradas em Madri", a debochada marchinha de João de Barro (Braguinha) e Alberto Ribeiro, sucesso de Almirante no Carnaval de 1938, e liderou o coro de 200 mil pessoas no Maracanã na vitória do Brasil por 6 a 1. Coro esse que quase provocou o linchamento do próprio Braguinha. Na arquibancada, anônimo em meio à multidão que cantava, ele era o único que estava chorando — de emoção. Um ou dois afoitos tomaram-no por espanhol e já ameaçavam dar-lhe uns cascudos, quando alguém o reconheceu e salvou. Ao saber disso depois, quem quase teve um enfarte foi Jayme de Carvalho.

Era esse o espírito da Charanga: o da provocação apenas criativa. Mesmo quando o adversário do Flamengo era o Vasco ou o Botafogo, Jayme de Carvalho não admitia que seu pessoal gritasse ofensas ou coros de palavrões. Nem a Charanga precisava. Em vez disso, ela tinha um vasto repertório de marchinhas de Carnaval. Ou então criava seus próprios sambas e inventava os refrões que depois eram copiados pelas outras torcidas.

Com o tempo, o Flamengo ganhou outras torcidas organizadas, como a Raça Rubro-Negra, a Torcida Jovem, a Flamante, a Flamor, a Flamília, a Flaponte (de Niterói), os Dragões e muitas mais, que já viajaram com o time da Patagônia a Tóquio e pelo Brasil inteiro. Mas, mesmo que não viajassem, o Flamengo nunca se sentiria fora de casa, porque tem dezenas de torcidas organizadas pelo país afora. Em Belém do Pará, por exemplo (onde existe uma das maiores concentrações de flamengos fora do Rio), a torcida se chama Fla-Fla de Belém.

Jayme de Carvalho passou raspando por uma enfiada de enfartes pelo Flamengo. Em 1976, depois de muitos sustos e incontáveis alegrias, seu coração rubro-negro finalmente descansou. Mas a Charanga não morreu. Sua mulher, dona Laura, assumiu o comando e carregou a chama de Jayme, que também era sua.

Já então, o conceito de torcida organizada começava a mudar. Não se tratava apenas de ir ao estádio para fazer barulho pelo time, mas de também frequentar a sede, fazer política no clube e derrubar técnicos — talvez até presidentes. Brigas em arquibancadas sempre existiram, e muitas só não resultaram em tragédia por causa da existência de pessoas como Jayme de Carvalho, pelo Flamengo, Dulce Rosalina, pelo Vasco, e Paulista, pelo Fluminense. Eles acreditavam que torcer era uma expressão de amor, não de ódio. Mas nem todos os seus sucessores aprenderam a pensar assim. Por sorte, Jayme morreu sem saber que, em breve, haveria torcedores marcando pela internet brigas com adversários e indo armados para os estádios, ou que as ruas em torno destes se tornariam palcos de guerra ao fim dos jogos. Bem diferente das marchinhas e bandeiras com que ele insuflava o time para as vitórias eternas. E dona Laura morreu em 2009, com a Charanga quase silenciada pelas outras torcidas.

O que é pena, porque nada supera a música. Certa noite, nos anos 80, estava eu no exílio, em São Paulo, por volta de dez da noite, assistindo a um reles Flamengo x Bonsucesso pela televisão. (Minto: nenhum Flamengo x Bonsucesso é reles.) O jogo estava morno e o próprio locutor não tinha muito a dizer. Ao fundo, era possível ouvir a Charanga empenhando-se com o maior entusiasmo, muito mais do que o time dentro de campo. E o que a Charanga estava tocando? "The blues walk", um vibrante tema do trompetista americano Clifford Brown (qualquer jazzófilo conhece).

Fiquei maravilhado: como podia a Charanga tocar aquilo? Só mesmo o Flamengo. E só depois me dei conta: "The blues walk" fora muito popular no Rio nos anos 60, adaptada pelo famoso conjunto do rubro-negro Ed Lincoln e tocada por este em todos os bailes da época. Algum músico de Ed Lincoln estava agora na Charanga — fazendo uma ponte entre os garotos de smoking que frequentavam os antigos bailes do Hotel Glória, animados por ele, e os humildes músicos que tocavam pelo Flamengo.

Já em 2009, o cantor, compositor e guitarrista paulista Lê Andrade, 37 anos, gravou um clipe com a "Marcha do Flamengo", de Lamartine Babo, em inglês, traduzido por ele, e o soltou na rede. Apenas nos primeiros dias, o clipe teve 250 mil acessos no Youtube. E quanto ao fato de o artista ser Flamengo, apesar de paulista, não há nada de mais nisto. O respeitado crítico literário paulistano Manuel da Costa Pinto também é — e não que ele seja "Flamengo no Rio e Corinthians (ou São Paulo ou Palmeiras) em São Paulo". Ele é Flamengo, e ponto. Vide o seu belo texto "Confissões de um flamenguista envergonhado", de 2008, disponível na Wikipedia.

CONDUTOR DE VITÓRIAS

Para muitos, Zizinho [primeiro à esq., em 1942] foi o maior jogador do mundo antes de Pelé. Mas a Segunda Guerra impediu que ele mostrasse isto na Europa

9
A ERA ZIZINHO

De 1940 a 50, o Flamengo deveu grande parte de suas glórias a um homem: Thomaz Soares da Silva, Zizinho. Aos dezessete anos, ele já comia a bola no Byron de Niterói, sua cidade. Jogava no meio-campo, na ponta de lança ou no comando do ataque, e era perfeito no passe, no lançamento, no drible, na cobrança de faltas e no chute a gol. Seu futebol era muito maior do que a baía que ele precisava atravessar para vir jogar no Rio. Um amigo levou-o ao América, que era um dos grandes do futebol brasileiro, inclusive em torcida — e um de seus torcedores era, até então, o próprio Zizinho. Mas o treinador do América mediu-o com os olhos, tachou-o de "baixinho" e nem o deixou trocar de roupa. Zizinho tomou arrasado a barca de volta para Niterói. Pouco depois, um olheiro do Flamengo foi buscá-lo e entregou-o ao treinador Flávio Costa, na Gávea. Estava escrito.

O Campeonato Carioca de 1939 chegava ao fim. O Flamengo levava toda a pinta de campeão e tinha um senhor ataque: Sá, Valido, Leônidas, Gonzalez e Jarbas. Nenhuma chance para um garoto como Zizinho, despreparado fisicamente e ainda em idade para jogar nos juvenis. Mas, no mesmo dia da chegada de Zizinho à Gávea, Leônidas contundiu-se no treino, e Flávio Costa mandou-o entrar no lugar do centroavante. Era uma prova de fogo: pôr para jogar no time principal do Flamengo, mesmo que no treino, um garoto que, do Rio, só conhecia a estação das barcas na praça Quinze, e logo no lugar de Leônidas.

Mesmo fora de posição (era meia de origem), Zizinho fez dois gols, acabou com os reservas e impressionou Flávio Costa. No dia seguinte, estava contratado. O meia argentino Valido, até então titular absoluto do ataque e um dos artilheiros do time, foi profético: "No ano que vem, vou ver se disputo a ponta-direita com o Sá. Com o que este muchacho joga, não haverá lugar para mim na meia-direita".

Pelos dez anos seguintes, não houve lugar para outro meia-direita no Flamengo, na Seleção Carioca ou na Seleção Brasileira. Com Zizinho, o Flamengo foi tricampeão carioca em 1942–3–4, e o Brasil, no que então se considerou uma façanha, foi campeão da Copa América de 1949. E teria sido campeão sul-americano muito mais vezes se, nos anos 40, tanto o povo quanto o time brasileiro não vissem os argentinos como fantasmas invencíveis. Não todo o time, claro — porque Zizinho era o protótipo do jogador que juntava a inteligência e a técnica a uma garra e coragem quase suicidas.

Por três vezes, essa garra refletiu-se em pernas quebradas — duas delas, de Zizinho. Em 1942, num jogo entre Rio e São Paulo pelo Campeonato Brasileiro de seleções estaduais, numa dividida em que os dois entraram duro, mas na bola, Zizinho quebrou a perna do paulista Agostinho. O alto-falante do Pacaembu fez a sua parte, anunciando que Agostinho estava à morte no vestiário. Evidente que Agostinho não morreu, mas nunca mais jogou futebol e, por causa disso, Zizinho ficou marcado nos gramados de São Paulo. Quatro anos depois, em 1946, num Flamengo x Bangu, foi a vez de Zizinho ter a perna direita fraturada pelo banguense Adauto. Ficou um ano de muletas. Quando voltou a jogar, logo na segunda partida, um Flamengo x América, teve a perna quebrada de novo, dessa vez num choque casual com Jorginho.

Quantos jogadores se recuperariam depois de duas fraturas na mesma perna? Pois Zizinho voltou a jogar, em 1947 — e, segundo os que o conheceram antes e depois das fraturas, ainda melhor do que antes.

Será? Como era possível Zizinho ser ainda melhor do que já era? Mas foi o que aconteceu: à inteligência, à técnica, à garra e à coragem ele aliou a experiência e a capacidade de liderança. Na Copa do Mundo de 1950, disputada no Brasil e vencida pelo Uruguai, os jornalistas estrangeiros o elegeram o melhor jogador do mundo. Um deles, italiano, chamou-o de "o Leonardo da Vinci do futebol". Na verdade, Zizinho já era, havia

SEM DESPEDIDA

Pacaembu, 4/2/1950: contra o São Paulo, pelo Torneio Rio-São Paulo e longe de sua torcida, o último jogo de Zizinho pelo Flamengo

muito, o melhor do mundo. E essa não era a opinião apenas dos torcedores do Flamengo — qualquer pessoa que o visse jogar, não importava por quem torcesse, e de qualquer nacionalidade, também achava isso. Por causa de Zizinho, novas multidões se tornaram Flamengo.

Mas as circunstâncias da época conspiraram contra o reconhecimento internacional a Zizinho. Como hoje, já eram os europeus que escalavam os reis do futebol e, numa época em que não havia internet, videoteipe ou satélite, nem mesmo televisão, os jogadores só podiam ser vistos ao vivo — e na Europa. O grande palco para isso era a Copa do Mundo. Mas, por causa da Segunda Guerra, não houve Copa do Mundo nos anos 40. Além disso, a Seleção Brasileira nunca ia disputar amistosos na Europa.

Os argentinos e uruguaios o conheciam bem, mas, até 1950, os únicos europeus que viram Zizinho em seu apogeu foram os dos clubes que vieram ao Rio para jogar contra o Flamengo. E, mesmo assim, nem todos. No histórico jogo de 1949, Flamengo x Arsenal de Londres, por exemplo, Zizinho estava saindo de uma operação de apêndice e não atuou. Em compensação, os ingleses viram Jair Rosa Pinto.

Os ingleses eram os maiores do mundo no futebol — na opinião dos ingleses. E também na opinião de muitos brasileiros, que alimentavam um secular e confuso sentimento de ódio e inveja em relação a eles. E estes pareciam ter razão: em sua excursão brasileira, naquele ano, o Arsenal já começara por sapecar uma goleada de 5 a 1 no Fluminense, nas Laranjeiras (no primeiro jogo em que um time brasileiro jogou de camisas numeradas).

Com o Maracanã ainda em construção, Flamengo e Arsenal tiveram de se enfrentar no estádio de São Januário, campo do Vasco. Era a estreia de Garcia, o goleiro paraguaio, no arco do Flamengo. Quando os times entraram em campo, parecia cena de filme cômico: os ingleses eram do tamanho de geladeiras e os brasileiros, um bando de nanicos subnutridos. Com um minuto de jogo, sem que o Flamengo tocasse na bola, o Arsenal fez 1 a 0 — e parte da torcida no estádio delirou.

Não, não era a colônia inglesa no Rio que estava vibrando. Eram os vascaínos, que não queriam saber se o Flamengo era um coirmão, carioca, brasileiro. A social do Vasco comemorou o gol inglês como se tivesse sido seu. Foi uma imprudência, porque a torcida do Flamengo era esmagadora maioria em São Januário, e o pau quebrou nas arquibancadas — o estádio, que comportava 25 mil pessoas, estava ocupado, segundo os jornais, por quase 40 mil. Ali se percebeu, mais do que nunca, que a torcida do Flamengo não se podia passar por campos menores. Precisava de um Maracanã.

O jogo seguiu e, aos nove minutos, houve uma falta na intermediária inglesa a favor do Flamengo. Jair Rosa Pinto, meia-esquerda rubro-negro e da Seleção Brasileira, preparou-se para bater. Os ingleses olharam para aquele homenzinho e tiveram vontade de rir: Jair era baixo, muito magro, dentuço e com o cabelinho aderente ao casco, estilo venha-cá-não-vou-lá-não. Mas o pior eram as canelas, tão finas que pareciam caniços, quase incapazes de sustentar as meias. E seus pés eram minúsculos — chuteiras 34, bico fino. Swindin, o goleiro inglês, teve vergonha de armar barreira e mandou abrir.

Quase do meio do campo, infenso ao desprezo do buana, o nativo Jair disparou uma bomba de canhota que fez um S a meio caminho e, ao se aproximar do gol, fez outro S e enganou o goleiro. Nem Swindin nem nenhum inglês já vira algo parecido. O baile do Flamengo, comandado por Jair, começou antes até do desempate, que saiu dali a pouco, dos pés do próprio Jair — e com outra bola em S chutada de fora da área. O terceiro gol, feito por Durval no segundo tempo, seria apenas o último prego no caixão imperial.

Foi 3 a 1, mas, durante o jogo, o Flamengo bombardeou os

ingleses com 51 chutes a gol, e Swindin fez treze defesas ditas "milagrosas". O show do Flamengo descontrolou os ingleses, que esqueceram a fleuma e partiram para os pontapés — devolvidos à altura pelo Flamengo. Mas o importante é que, ali, o futebol brasileiro começou — vagamente — a se dar conta de que não precisava temer ninguém.

Vitórias como essa mantiveram ardente a fé rubro-negra durante a nova e terrível seca de títulos que se seguiria ao tricampeonato. A partir de 1945, a torcida do Flamengo teve de conviver com um longo reinado do Vasco no futebol carioca, que, ano sim, ano não, era o campeão da cidade. E, quando se tratava do ano não, o campeão não era o Flamengo, mas o Fluminense, em 1946, ou o Botafogo, em 1948. O Vasco, primeiro com o treinador Ondino Vieira e, depois, ironicamente, com o ex-rubro-negro Flávio Costa, armara um timaço, o "Expresso da Vitória", que ficaria seis anos sem perder para o Flamengo, de 1945 a 51.

Não adianta. Quem não é Flamengo ou Vasco não consegue alcançar os limites dessa rivalidade. Não há outra que se compare a ela no futebol brasileiro. É tão intensa quanto a entre Corinthians e Palmeiras, em São Paulo, só que muito mais antiga — do século xix, pré-futebol — e histórica, com raízes na velha rixa colonizado *versus* colonizador. É mais intensa até do que a entre Internacional e Grêmio, no Sul — afinal, é uma rivalidade nacional.

Flamengo e Vasco têm milhões de torcedores em todo o país, e eles se comportam em suas cidades exatamente como os do Rio. Para um rubro-negro, é penoso conviver com os momentos de glória do Vasco — assim como os vascaínos acham intolerável a supremacia do Flamengo. Quando a balança pende por muito tempo para um dos lados, o Rio se torna a Veneza dos Capuletos e Montéquios, e não é incomum que escorra sangue nos subúrbios e favelas.

Jair Rosa Pinto, o herói da partida contra o Arsenal, foi

uma vítima dessa rivalidade. O Flamengo o havia tirado justamente do Vasco, em 1947, e Jair, aos 26 anos um dos jogadores mais completos do futebol brasileiro, tinha tudo para se tornar um rubro-negro imortal. Mas a sucessão de derrotas do Flamengo para o Vasco, mesmo com Zizinho e Jair no time, chegou ao grau máximo de fervura na partida do returno do Campeonato Carioca de 1949. Na véspera do jogo, um leviano dirigente vascaíno afirmara: "Com o Jair no Flamengo, o Vasco não perde".

Veio o jogo, e o violento zagueiro vascaíno Ely do Amparo mostrou a sola da chuteira para Jair. Este perdeu um gol feito diante de Barbosa, apagou-se da partida, e o Flamengo, que chegara a fazer 2 a 0, tomou uma goleada de 5 a 2. Setores do clube acharam que Jair fizera corpo mole e criou-se a história de que, após o jogo, a torcida queimara sua camisa.

Zizinho foi dos poucos que defenderam Jair. Saiu com ele do estádio, pôs-se à sua frente na rua e impediu que os mais exaltados o agredissem. E nunca se provou que alguma camisa tivesse sido queimada. Mas houve mais que um incêndio simbólico. Naquela mesma semana, o Flamengo vendeu Jair ao Palmeiras, onde ele iria conquistar muitos títulos e do qual só sairia para jogar no Santos de Pelé. Mas, numa coisa, justa ou injustamente, a torcida do Flamengo estava sendo coerente: ela pode perdoar a perda de gols ou de títulos — mas nunca perdoará quem, em campo, não mostre raça e encharque a camisa.

Assim como nunca perdoou os presidentes que venderam os seus ídolos. Em épocas diferentes, o Flamengo vendeu Leônidas, Domingos, Pirillo, Rubens, Joel, Evaristo, Zagallo, Amarildo, Gérson, Zequinha, Zanata, Zico, Junior, Bebeto, Leonardo, Zinho, Djalminha, Sávio, Romário, Gilberto, Athirson, Reinaldo, Adriano, Julio Cesar (goleiro), Juan (zagueiro), Renato Augusto, Ibson — quase todos, jogadores formados dentro do Flamengo, flamenguinhos desde a primeira chupeta. Mas talvez só a venda de Zico, em meados de 1983, tenha superado o trauma que foi a incrível venda de Zizinho, em 1950, para o Bangu.

E olhe que Zizinho nunca fizera corpo mole em campo — ao contrário, muito antes de Junior inventar a expressão, ele já era sinônimo da "pele rubro-negra". Para o torcedor do Flamengo, tudo em Zizinho era perfeito: a categoria, a alma, o caráter, o jeito de ser. Provara isso poucos meses antes, ao apoiar uma atitude de Zizinho num Flamengo x Rapid de Viena, de novo em São Januário. Cansado de ser vaiado pelos donos da casa toda vez que tocava na bola, Zizinho fora à beira do gramado, postara-se diante da social do Vasco — e arriara o calção. A ideia era mostrar a cicatriz da recente cirurgia de apêndice, mas seu calção "escorregara" e descera-lhe quase aos pés. Ao ver a coisa preta, vascaínos ligados à polícia exigiram sua prisão ali mesmo. Mas o Flamengo apenas tirou Zizinho de campo, para acalmar as coisas, e nem o advertiu.

Zizinho saiu do Flamengo porque, numa conversa infeliz com um cartola do Bangu, o vaidoso presidente Dario Mello Pinto (que, no passado, já vendera Domingos da Guia) admitiu que o negociaria se lhe fizessem uma proposta séria. A proposta foi feita e Mello Pinto ainda poderia ter recuado. Mas não recuou. Então, foi Zizinho quem, magoado, disse que, sendo assim, preferia ir embora. Sua identidade com o Flamengo era tanta que não podia conviver com a ideia de que o clube nem sequer pensasse em vendê-lo. E lá se foi ele para o Bangu — ainda a tempo de ser eleito o melhor jogador do mundo na única Copa que disputaria, a de 1950. Seu imenso futebol duraria pelo menos até 1957, quando, aos 35 anos, em vez de encerrar a carreira, pediu ao Bangu que o vendesse ao São Paulo, e levou o clube ao título paulista daquele ano.

Por uma dessas ironias, foram a saída de Zizinho e a aposentadoria de seus velhos tricampeões, como Biguá, Bria e Jaime, que permitiram ao Flamengo renascer, reconstruir-se — e zarpar rumo ao segundo tri.

NOVO ÍDOLO

Rubens chegou ao Flamengo e a torcida viu nele um novo Zizinho. Aqui, ele fulmina Ernani num dos muitos Flamengo x Vasco que sacudiram o Maracanã nos anos 50

10
FLAMENGO FEITICEIRO

A ressurreição do Flamengo começou em 1952, com a eleição do médico Gilberto Cardoso para a presidência do clube e com a contratação, por este, do treinador paraguaio Fleitas Solich. Ali, à fé vinha juntar-se a feitiçaria.

Solich assumiu o time em 1953 e já encontrou uma base formada no ano anterior por Flávio Costa, que passara rapidamente pelo clube antes de voltar para o Vasco. Essa base eram o goleiro Garcia, os zagueiros Pavão, Jadir e Jordan, o armador Dequinha e os atacantes Joel, Índio e outro paraguaio, o artilheiro Benitez. Todos eles, jogadores infernais. Mas o ídolo máximo era Rubens, sucessor de Zizinho como o cérebro do time — tão cerebral que a torcida o chamava de "dr. Rúbis".

Durante um breve período, Rubens foi o jogador mais popular do Brasil. Seus dribles curtos, passes de curva, cobranças de faltas e chutes a gol davam a entender que ele era uma espécie de gênio. Dizia-se que era homossexual, mas, mesmo que isso fosse verdade, a torcida não queria nem saber (nem era algo que a imprensa da época pudesse explorar). Em 1955, quando Adolfo Bloch criou sua histórica revista *Manchete Esportiva*, a capa do número 1 só podia ser Rubens, de toga e capelo, como um bacharel do futebol, equilibrando uma bola no pescoço.

Rubens chegou a ser até personagem semanal do programa humorístico de maior audiência da Rádio Nacional, o *Balança, mas não cai*, do qual saiu a expressão "Mengo, tu é o maior!" — criada por Max Nunes, torcedor, ora vejam só, do América. E fora Rubens também quem decretara o fim da "escrita" de seis anos de derrotas contra o Vasco, comandando o time na vitória rubro-negra por 2 a 1 no Campeonato Carioca de 1951.

Mas foi a vinda de Fleitas Solich que trouxe ao Flamengo uma nova concepção: a do futebol ágil, solidário, sem lugar para solos ou virtuosismos de bola presa, como os de Rubens. Para executar esse tipo de futebol, mais leve e moderno, Solich preferia os jogadores jovens, sem estrelismo, que ele ia buscar nos juvenis e botava direto no time de cima. Rubens foi sendo eclipsado aos poucos e, logo depois da capa de *Manchete Esportiva*, já não havia lugar para ele no time.

A torcida nem teve tempo para protestar porque, ao mesmo tempo, Solich já revelara Dida, Zagallo, Evaristo, Paulinho, Duca e o minúsculo (1,54 metro) Babá. Todos eram curingas, versáteis, que sabiam se deslocar, tinham o faro do gol e podiam ser escalados em qualquer posição do ataque. Com eles, o Flamengo foi de novo tricampeão carioca, em 1953-4-5. E sua torcida, que não parara de crescer nem nos anos do jejum, foi engrossada por legiões de crianças brasileiras que começavam a descobrir o futebol.

Eu, por exemplo — porque foi ali que entrei: na conquista de 1953.

Quando do lançamento da primeira edição deste livro, em 2001, contei numa entrevista que, entre os cinco e os seis anos de idade, eu já lera Sartre, Heidegger e Kierkegaard, mas ainda não encontrara o sentido da vida. Andava pelos cantos, de calças curtas e dedo enfiado no nariz, à espera de uma revelação, quando, de repente, ouvi uma voz vinda do céu — talvez a de Deus — narrando um gol do Flamengo. Era uma voz cheia, ressonante, imperativa, como se supõe que sejam as vozes vindas do céu. Na verdade, era a voz de Jorge Curi, locutor esportivo da Rádio Nacional, saindo por um alto-falante das proximidades. E bastaria aquilo para que, dali em diante, eu me abraçasse a uma fé.

Era brincadeira, naturalmente. Já nasci cercado de flamengos por todos os lados, a começar por meu pai e seus amigos. Um destes, um jovem farmacêutico chamado Geraldo, era Flamengo vinte e quatro horas por dia. Vivia em função do Flamengo e — apaixonado, sanguíneo e acima do peso — morreu jovem, talvez também em função do Flamengo. Quanto à ideia de que Jorge Curi fosse a voz de Deus, dissipou-se rapidamente quando descobri que, aos domingos, antes do jogo no Maracanã, ele comandava um programa de auditório na mesma Rádio Nacional, chamado *A Hora do Pato* — e como Deus podia comandar *A Hora do Pato*? Pouco depois, ao ouvir Curi narrando Brasil x Hungria pela Copa do Mundo de 1954, na Suíça, fiz outra impressionante descoberta: o Brasil podia perder; o Flamengo, não.

Quando o Flamengo foi bicampeão carioca em 1954, eu já era um veterano ouvinte das transmissões esportivas e leitor das páginas de futebol do *Correio da Manhã*. Naquele ano, a editora Vecchi lançou o álbum de figurinhas *Ídolos do futebol brasileiro*, com cinquenta times, incluindo os das seleções estaduais. Contando os onze jogadores de cada clube e mais o técnico, era um absurdo de seiscentas figurinhas a completar. E havia as "difíceis" — Joel e Índio, do Flamengo, entre estas. Mas é claro que, comprando pacotinhos por atacado, trocando cinco por uma com os meninos mais pobres da rua e ganhando as "difíceis" no bafo-bafo, completei o álbum. O qual ainda trazia Esquerdinha (que, na vida real, tinha o magnífico nome de William Kepler de Santa Rosa) na ponta esquerda do Flamengo, embora ele não fosse mais o titular. O titular já era Zagallo — Mario Jorge Lobo Zagallo, então, e por muito tempo, com um só L.

Muitos anos depois, em 2001, ao ver o velho Lobo à beira do campo, eterno e indestrutível, de cabeça branca, e, como treinador, comandando o Flamengo com sua vibração, ouço uma voz que saía do passado e vinha me dizer de novo: "O ponta-esquerda do Flamengo agora é um tal de Zagallo". A ideia de que sou contemporâneo da estreia de Zagallo *como jogador* do Flamengo faz-me sentir um contemporâneo dos pterodáctilos. Aliás, não é improvável que o ruído de asas que eu ouvia em criança fosse de um deles.

Durante boa parte dos anos 50, qualquer garoto de pé no chão e nariz escorrendo escalava de cor a defesa do Flamengo: Garcia (depois Chamorro), Tomires e Pavão; Jadir (ou Servílio), Dequinha e Jordan. Mas nunca se sabia como seria o ataque, tan-

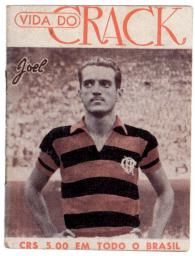

RARIDADES

Pouco depois de lançadas, as edições da revista *Vida do Crack* se evaporavam das bancas e, anos depois, já eram itens de colecionador. Aqui, quatro delas, estrelando Esquerdinha, Joel, Evaristo e Pavão

tas eram as opções. Podia ser Joel (ou Paulinho), Rubens (ou o mesmo Paulinho ou também Duca), Índio (ou Evaristo), Evaristo (ou Benitez, ou, pouco depois, Dida) e Zagallo (ou Esquerdinha ou Babá ou até mesmo Evaristo). Sei disso porque eu estava entre aqueles garotos que precisavam de vários reservas para o time de botões do Flamengo — para acomodar o plantel inteiro.

A escalação podia variar. O que não variava era a máquina de gols, que levou o Flamengo do segundo tri a ser chamado de "rolo compressor". E foram campeonatos duríssimos porque, por coincidência (seria coincidência?), somente naqueles três anos eles foram disputados em três turnos corridos, com todos jogando contra todos. Eram campeonatos tão longos, com mais de trinta jogos para cada time, que o ano não os comportava e eles entravam pelo ano seguinte. O de 1953 terminou em janeiro de 1954. O de 1954, do bi, foi perfeito: terminou em fevereiro de 1955, quase no Carnaval, e o Rio emendou um Carnaval no outro. E o de 1955 só foi terminar em abril de 1956, depois de uma dramática melhor de três contra um América na ponta dos cascos. Mas esse campeonato foi mais que perfeito, porque foi o do tri. O Rio viveu um Carnaval extra, em plena Quaresma.

Foram conquistas importantes, porque os adversários eram muito fortes. A nata do futebol estava no Rio e todos os clubes tinham grandes jogadores, muitos da Seleção Brasileira. O Vasco tinha Barbosa, Paulinho, Bellini, Sabará, Ademir, Walter Marciano, Vavá e Pinga. O Fluminense tinha Castilho, Veludo, Pinheiro, Clóvis, Bigode, Telê e Didi. O Botafogo tinha Nilton Santos, Garrincha, Danilo Alvim, Vinicius, Dino e Quarentinha. O América tinha Pompeia, Edson, Canário, João Carlos, Romeiro, Alarcon e Leônidas (o da Selva, para não confundir com o da Silva). O próprio Bangu tinha Ernani, Zózimo, Calazans, Décio Esteves e, óbvio, Zizinho. Mesmo os times pequenos eram duros de roer, principalmente quando jogavam em seus alçapões no subúrbio. Mas o Flamengo contava com uma espécie de proteção divina — porque tinha um santo a seu favor: são Judas Tadeu.

O responsável por isso era o padre Goes, pároco da igreja de São Judas Tadeu, no Cosme Velho, nos anos 50 e 60. Com sua ardente devoção pelo santo e pelo Flamengo, padre Goes ia para a concentração com sua dramática batina preta, atiçava a fé dos jogadores e os arrastava para a missa e para a comunhão na véspera dos jogos. Na igreja, durante as cerimônias, brandia dramaticamente um enorme escudo do Flamengo. Em troca, são Judas Tadeu garantia as vitórias.

E não é que elas vinham em série? Em nome do santo, padre Goes prometeu ao Flamengo o campeonato de 1953, o bi de 1954, o tri de 1955, e o santo cumpriu todas. A cada título, padre Goes ganhava sua faixa de campeão e posava com o time no Maracanã. E isso foi bom para todo mundo. Para o Flamengo, nem se fala. E para são Judas Tadeu, que se tornou um dos três santos mais populares do Rio, ao lado de são Jorge e são Sebastião. Os católicos que torciam pelos outros clubes é que não gostavam daquela ostensiva proteção sagrada ao Flamengo. Mas quem os mandava torcer pelo time (ou pelo santo) errado?

Com tanta religiosidade envolvida, não poderia faltar um episódio triste à saga desse tri, quase no fim da jornada — um episódio do qual os jogadores teriam de reerguer-se para a redenção final. E ele foi a morte do presidente Gilberto Cardoso, a poucas semanas da decisão do campeonato de 1955.

Gilberto Cardoso morreu pelo Flamengo: enfarte fulminante aos 49 anos, causado pela alegria de uma vitória rubro-negra no último segundo. E não de uma vitória no futebol, mas no basquete. Mas assim era Gilberto Cardoso: não havia competição, em que tomasse parte um atleta do seu clube, a que ele não estivesse presente. Vivia o remo, o basquete, o vôlei, a natação, a esgrima, o tiro, o judô, o atletismo, a ginástica olímpica e todos os esportes amadores do Flamengo, tanto quanto o futebol. Para Gilberto, os gigantes rubro-negros do atletismo, como José Telles da Conceição, do vôlei, como Rosinha, e do basquete, como Algodão, eram tão importantes quanto Rubens, Dequinha e Pavão. Para ele, que era médico, não havia atleta insignificante no Flamengo. Era capaz de sair de casa de madrugada, com chuva, para socorrer um infantil da esgrima que desse um espirro na véspera de uma competição.

HOMENAGENS

O presidente Gilberto Cardoso, na capa do *Álbum Rubro-Negro*, morreu do coração num jogo de basquete do Flamengo no Maracanãzinho. À dir., homenagem dos Correios ao 60º aniversário do clube

NA MANCHETE ESPORTIVA

Dida, o maior artilheiro do Flamengo pré-Zico e herói do segundo tri, vibra na capa de *Manchete Esportiva*, que também já mostrara o "Dr. Rúbis" [esq.] e o treinador Solich abraçado ao capitão Dequinha

O basquete era um dos orgulhos do Flamengo nos anos 50. Sob o comando do treinador Kanela (Togo Renan Soares, tio de Jô Soares), seria decacampeão carioca e base da Seleção Brasileira que conquistaria os primeiros títulos internacionais. Mas Gilberto não viveu para ver esse deca do basquete, nem o hexa, nem mesmo o tetra. Morreu exatamente na final do tri, no Maracanãzinho, na partida contra o Sírio-Libanês, quando o Flamengo foi campeão por um ponto, com a cesta da vitória sendo marcada no último segundo. De certa forma, aquele foi também o último segundo da vida de Gilberto Cardoso. A bola caiu, a torcida explodiu e seu peito explodiu junto com ela. Morreu pouco depois, no pronto-socorro, ao lado do padre Goes e de d. Hélder Câmara, outro padre rubro-negro. No dia seguinte, os profissionais e amadores do Flamengo choraram no seu sepultamento — que o clube teve de pagar, porque sua família (acredite ou não) não tinha dinheiro. O Maracanãzinho e uma rua do Leblon, perto do clube, têm desde então o seu nome.

Não é à toa que, como observou o jornalista Fernando Horácio, o Flamengo é um dos poucos clubes do Brasil, talvez do mundo, cujo hino fala em morrer. E, pior do que a morte, diz o hino, seria o desgosto profundo se faltasse o Flamengo no mundo.

Gilberto Cardoso também não veria o Flamengo conquistar o seu tri no futebol carioca — tri que seria dele, mais que de qualquer outro. Mas sua ausência foi tão inspiradora quanto sua antiga onipresença. No próprio enterro, os jogadores fizeram um pacto: pela memória de Gilberto Cardoso, morreriam em campo, se preciso, para dar o tri ao Flamengo.

Mas ninguém mais precisou morrer. Na noite de 4 de abril de 1956, o Flamengo foi à final da melhor de três do campeonato de 1955 contra o América. Vencera a primeira partida por 1 a 0, perdera a segunda por — ninguém esperava! — 5 a 1. Agora era a decisão, a "negra".

Juscelino Kubitschek estava na tribuna de honra do Maracanã, em sua primeira aparição pública desde que empossado presidente — a seu lado, o poeta (e seu ghost-writer) Augusto Frederico Schmidt. Ambos botafoguenses. Mas os bem-amados do povo estavam mesmo era dentro das quatro linhas. O Flamengo goleou por 4 a 1, com um gol de Evaristo e três do garoto Dida, 21 anos, escalado de surpresa por Solich a poucas horas do jogo. Ali Solich provava que suas teses estavam certas: o futebol comportava a criatividade, desde que os jogadores fossem solidários e objetivos. A torcida o chamava de "Feiticeiro", mas aquele era o segredo da feitiçaria. Nos anos seguintes, chegou-se a cogitar seriamente de Solich para dirigir a Seleção Brasileira — o que teria acontecido se ele não fosse estrangeiro, paraguaio.

A noite dos 4 a 1 foi uma das maiores da história do Maracanã — no mínimo, a mais feliz desde a inauguração do estádio, quase seis anos antes. Mas o impressionante aconteceu à saída do jogo: um grupo de torcedores (e, dizem, alguns jogadores) desgarrou-se do carnaval da vitória e foi a pé ao cemitério São João Batista, a muitos quilômetros dali. Já era madrugada e o cemitério estava fechado. Pularam o muro e, com a cumplicidade dos funcionários, acenderam velas para Gilberto Cardoso. Toda a cidade soube disso no dia seguinte. Era o Flamengo da religião, da fé, de são Judas Tadeu.

É verdade que padre Goes, que prometera o tri, prometeu também o tetra, em 1956, e o tetra não veio. Mas a culpa não foi do santo. Foi dos jogadores, que já estavam cansados de ser campeões cariocas (isso acontece), e dos outros clubes, que se rearmaram para derrubar a hegemonia rubro-negra. E, durante aquele ano, o Flamengo vendeu quase dois ataques: Evaristo (para o Barcelona), Rubens, Índio, Duca, Benítez, Paulinho e Esquerdinha.

Mas, então, em 1957, o treinador Solich (mais uma vez o "Feiticeiro") construiu um novo ataque e igualmente demolidor: Joel, Moacir, Henrique, Dida e Zagallo.

Dos cinco, todos, menos Henrique, foram convocados para a Seleção Brasileira que seria campeã mundial em 1958 na

SEGUNDO TRI

Chamorro, Servílio, Pavão, Tomires, Dequinha e Jordan; Joel, Duca, Evaristo, Dida e Zagallo. Esse pôster de *Manchete Esportiva* foi para as paredes de todo o Brasil para celebrar o tri de 53–54–55

FLAMENGO TRI-CAMPEÃO 53-54-55

Suécia. Joel, o maior ponta-direita na história do clube, jogou as duas primeiras partidas na Copa e só perdeu a posição na Seleção para Garrincha — mas quem não perderia? Moacir era o reserva, quase a sombra, de Didi. Quanto a Zagallo, ficou absoluto na ponta esquerda. E o supercraque Dida, que começou a Copa como titular, daria o lugar a um menino chamado Pelé. Hoje, para os que nunca o viram jogar, pode parecer absurdo que Dida fosse titular e Pelé, reserva. Mas, na época, não havia nenhum absurdo nisso. Em 1958, Dida, aos 24 anos, já era completamente Dida. E Pelé, aos dezessete, ainda não era completamente Pelé. Mas Dida teria "ido mal" na primeira partida, contra a Áustria, e não jogou mais. Pelé entrou contra a Rússia, e o resto é História. Na volta da Seleção ao Brasil, os malévolos e rancorosos espalharam que Dida "tremera" contra a Áustria.

Essa tremedeira nunca aconteceu. Assim como Pelé, Dida chegara à Suécia contundido. Basta consultar as coleções de jornais na semana anterior ao jogo contra a Áustria: todos falam de sua contusão e de como sua presença era dúvida até a véspera. Dida entrou no sacrifício (na verdade, exigiu ser escalado), com uma bota de esparadrapo no pé direito — está tudo lá, no noticiário, para quem quiser ver. Nessas condições, não podia jogar nem metade do que jogava no Flamengo e já jogara na própria Seleção.

O Brasil venceu aquela partida por 3 a 0, mas o resultado não reflete o que foi a realidade do jogo — um dos mais difíceis do Brasil na Copa. A justiça a Dida seria feita semanas depois por Didi, líder do time, numa série de depoimentos a Ronaldo Bôscoli em *Manchete Esportiva*, intitulados "Eu sou campeão do mundo". Num deles, Didi declarou: "Se Dida não se mexesse tanto lá na frente, não teria saído nosso gol contra a Áustria". E falava de como ele jogara com a bota de esparadrapo. Mas o rumor nunca se dissipou e pode ter feito com que, nos anos seguintes, só esporadicamente Dida voltasse a ser convocado. Não importa que, jogando pelo Flamengo, ele continuasse acabando com o jogo.

Até a chegada de Zico, Dida foi o maior artilheiro da história do Flamengo, com 244 gols em 350 partidas. Gols marcados de todo jeito: de direita, de canhota, de cabeça, de letra (sua especialidade), de calcanhar, de peito e até de bunda. Seu controle de bola em alta velocidade, sua movimentação na área, seu senso de oportunidade, sua impulsão nas disputas pelo alto e seu chute com os dois pés eram um terror para qualquer defesa. Dida foi o grande ídolo do Flamengo entre 1955 e 63.

Nesse período, no Brasil inteiro, os meninos que compravam camisas do Flamengo tinham de comprar também o número avulso e pedir à mãe que o costurasse nas costas das camisas (sim, porque elas não vinham numeradas). E o número que os meninos (eu, entre eles) preferiam era o 10 — o número de Dida. Considerando-se que camisas com número eram uma novidade recente no futebol brasileiro, pode-se dizer sem susto que, desde a noite daquela decisão contra o América, Dida tornou-se o primeiro "camisa 10" famoso do futebol brasileiro — antes de Pelé.

Por incrível que pareça, o segundo maior artilheiro da história do Flamengo até então jogava na mesma época de Dida e foi seu companheiro de ataque: o centroavante Henrique Frade. Juntos, eles seriam os autores de 458 gols, com Henrique fazendo 214. Destes, pode-se garantir que mais da metade foi marcada sob uma selva de chuteiras inimigas, com Henrique pondo a perna sem medo de que ela fosse quebrada — desde que a bola entrasse. Era um jogador forte (seu apelido entre os colegas era "Cavalo"), resistente e de uma bravura sem nome. Bravura que lhe rendeu o respeito da torcida, mas custou-lhe muito caro: nos anos 90, Henrique podia ser visto visitando seus velhos amigos na Gávea, sempre alegre e otimista — com as pernas agora finas, atrofiadas, quase imperceptíveis nas calças folgadas, pendendo do assento da cadeira de rodas.

Henrique deu a alma pelo Flamengo; em troca, o destino reclamou seu corpo.

Dida e Henrique fizeram os gols na primeira vez em que fui ao Maracanã para ver o Flamengo jogar: na derrota por 3 a 2

CLÁSSICO DOS MILHÕES

Num Flamengo x Vasco de 1957, balé aéreo entre o artilheiro Dida e o goleiro Carlos Alberto, com a bola a caminho da caçapa. Os becões Paulinho e Bellini só podiam "secar" para que ela não entrasse

para o Botafogo, pelo segundo turno do Campeonato Carioca de 1958. Além deles, naquela tarde, o Flamengo tinha Milton Copolillo, Jordan, Dequinha, Moacir, Babá e um ponta-direita chamado Luiz Carlos, de brilhante mas rápida passagem pelo time. O Botafogo tinha Cacá, Pampollini, Nilton Santos, Didi, Paulinho Valentim, Quarentinha e um ponta-direita chamado Garrincha, que, apenas quatro meses antes, com a camisa do Brasil, destruíra as defesas russa, galesa, francesa e sueca na Copa do Mundo. Mas, naquele jogo, Garrincha estava com a camisa da estrela solitária, demolindo a defesa rubro-negra. E bem na minha frente: na arquibancada, sentado com meu pai atrás do gol do Flamengo no primeiro tempo, eu via a todo instante Garrincha receber a bola, rente à linha lateral, e partir para cima de Jordan (pronuncia-se Jordã, não Jórdan), nosso valente lateral esquerdo.

A cada ginga de Garrincha, Jordan gingava junto. Eu tinha apenas dez anos e me perguntava por que Jordan não esticava a perna para desarmá-lo. Mas Jordan era muito bom jogador para fazer isso. Então, Garrincha continuava gingando e Jordan gingando com ele. O que era aquilo? Um balé, um samba, dois homens rebolando diante da bola. Até que Jordan achava que era hora e cometia o erro fatal: esticava a perna e dava o bote. Então Garrincha passava por ele, como quem atravessasse a fumaça. E, bem debaixo de meus olhos atarantados, cruzava da linha de fundo para o gol. Fez isso muitas vezes. Numa delas, aos 21 minutos, Paulinho Valentim meteu a cabeça e fez Botafogo 1 a 0.

O Botafogo ainda faria 2 a 0 naquele lado do campo e 3 a 0 com o lado trocado, bem no começo do segundo tempo. Mas, agora, eu estava de frente para o ataque do Flamengo. Podia ver as arrancadas de Dequinha e Moacir, as tabelinhas entre Henrique e Dida, os dribles do minúsculo Babá (poxa, ele era menor do que eu, que tinha dez anos!). Antes dos vinte minutos, o Flamengo já fizera seus dois gols e passaria o resto do jogo tentando o empate. O qual não saiu. Minha estreia no Maracanã se dera com uma derrota, mas, ao descer a rampa, pela mão de meu pai, eu ouvia os comentários confortados da torcida: Flamengo jogara bem, o campeonato não acabara.

Poucas semanas depois, já em dezembro, eu assistiria à vitória por 3 a 1 sobre o Vasco na última rodada do campeonato — adiando o título que o Vasco já considerava no papo, e forçando o campeonato a prolongar-se num super e, finalmente, num supersupercampeonato. O Vasco terminou sendo campeão, mas custou: aqueles turnos extras entre ele, o Flamengo e o Botafogo, provocados pela combinação de resultados, produziram outras tardes e noites que me calibraram definitivamente o coração para os muitos campeonatos que se seguiriam.

Uma eternidade depois, em 1995, eu publicaria um livro chamado *Estrela solitária — Um brasileiro chamado Garrincha*, pela Companhia das Letras. O título não se referia ao clube, nem mesmo ao jogador, mas ao homem Garrincha, um dos grandes heróis trágicos de nosso tempo. Um motivo importante pelo qual decidi biografar Garrincha foi que seu maior período como jogador, de 1954 a 62, foi também aquele em que eu mais dedicara ao futebol — acompanhava todos os jogos pelo rádio, jornais, revistas, cinejornais e, a partir de 1958, ao vivo, no Maracanã. Já adulto, ainda sabia escalar muitos daqueles times, lembrava-me dos escores dos jogos, quem marcara os gols e até os nomes dos juízes (Alberto da Gama Malcher, Antonio Viug e Eunápio de Queiroz eram alguns). Enfim, eu sabia tudo que era possível a uma criança saber.

Mas não sabia nada do que acontecera fora do gramado. O livro me permitiria descobrir o que se passara nos vestiários, nas concentrações, dentro das casas e até na cabeça dos jogadores, antes, durante e depois dos jogos — como eles viviam, o que sentiam, se eram felizes. De certa forma, seria uma viagem ao outro lado da minha infância. Há muito de pessoal na escolha do assunto para um livro.

Tão pessoal que, apesar de o assunto ser Garrincha e de eu ter aprendido a estimar o Botafogo nos três anos de trabalho que o livro me tomou, não queria ser acusado de torcer pelo alvinegro. Então, para a orelha de *Estrela solitária*, fiz-me fotografar com uma discreta — mas inconfundível — flâmula do Flamengo atrás de mim.

NO BARBANTE

O tricolor Félix, de joelhos, e bola no fundo da rede.
O gol foi de Silva, o "Batuta", mas quem comemora,
parecendo flutuar, é Fio, pela Taça Guanabara de 1968

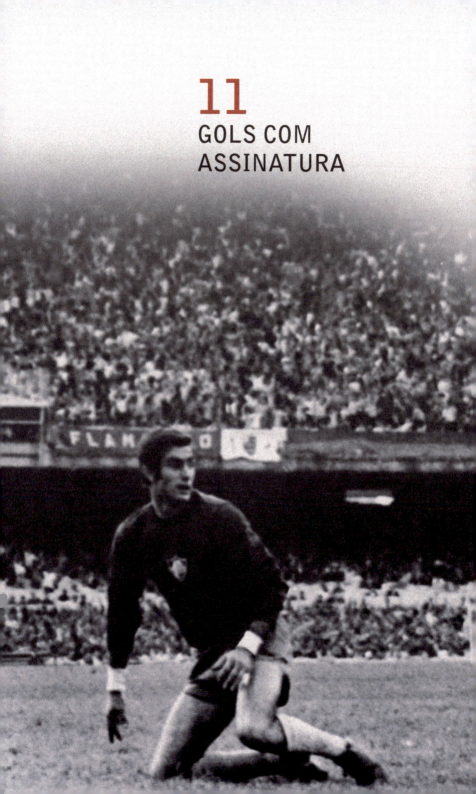

11
GOLS COM ASSINATURA

Em 1954, o Flamengo deu início a uma bela tradição: a do jogador considerado símbolo do clube, que, ao se despedir do futebol, passa suas chuteiras a uma jovem revelação das divisões menores. Naquele ano, Biguá, lateral direito do primeiro tri e ídolo da torcida, encerrou sua carreira de mais de dez anos no Flamengo e que o levara também à Seleção.

Biguá era raçudo e clássico ao mesmo tempo. Tinha apenas 1,62 metro, mas uma inacreditável impulsão nas bolas altas e, antes de Djalma Santos, fora pioneiro no apoio ao ataque. Acima de tudo, Biguá era Flamengo de coração, e a torcida sabia disso. Um dia, num lance raro, fez um gol contra num Flamengo x Vasco. Não se conformou: caiu chorando junto à bandeirinha de *corner* e começou a comer a grama. Por sugestão de Domingos da Guia, o Corinthians tentou contratá-lo várias vezes, oferecendo-lhe o dobro do salário. A resposta de Biguá era sempre a mesma: "Está muito bem, doutor. Mas, e quando o Corinthians jogar contra o Flamengo?". E nunca saiu da Gávea.

No dia 20 de janeiro de 1954, ainda pelo campeonato de 1953, Biguá subiu com seus companheiros as escadarias do túnel e pisou o gramado do Maracanã pela última vez. O jogo era contra o Botafogo, mas ele não iria atuar. Era a sua despedida, embora tivesse apenas 33 anos. No centro do gramado, seus amigos de todos os clubes desejaram-lhe boa sorte. Biguá foi então à torcida do Flamengo e chutou a bola para a geral. Então, descalçou as chuteiras e entregou-as a um jogador de dezesseis anos, craque dos juvenis rubro-negros: Carlinhos, o futuro "Violino", que seria tantas vezes campeão pelo Flamengo como jogador e treinador.

A história repetiu-se muitos anos depois, em 1970, quando Carlinhos também se despediu no Maracanã e passou suas chuteiras a outro menino do Flamengo. Este se chamava — adivinhe — Arthur Antunes Coimbra. Zico. E, quando o próprio Zico se despediu, em 1989, também passou suas chuteiras a um garoto dos juniores (ex-juvenis) — como se chamava mesmo? Ah, sim, Pintinho —, que, infelizmente, não vingou e não deu continuidade à tradição.

De 1950 a 60, outro xodó do Flamengo, o potiguar Dequinha, imperara no meio-campo rubro-negro. Era um jogador de alta categoria, ao estilo do vascaíno Danilo Alvim, com grande capacidade de desarme e sem jamais dar um pontapé. Era também o capitão do time e um modelo de profissional. Seu futebol, aliás, espelhava o homem suave e educado que ele era. Quando Dequinha se aposentou, substituí-lo parecia tarefa impossível. Mas o Flamengo lançou um jogador exatamente ao seu estilo e talvez ainda melhor: o mesmo Carlinhos — que recebera as chuteiras de Biguá —, e este imperou pelos dez anos seguintes. A imagem de "Violino", atribuída a Carlinhos, não era gratuita — era um Paganini da bola, seu futebol tinha a extensão de quatro oitavas e as traves de suas chuteiras deviam ser cravelhas de um Stradivarius. De 1960 a 63, Carlinhos formou com o jovem Gerson (sim, o "Canhota", assim como Zizinho, outro niteroiense revelado no Flamengo) um dos meios-campos mais inteligentes e classudos do futebol brasileiro. E, assim como Biguá e Zico, Carlinhos nunca vestiu a camisa de um clube brasileiro que não fosse a do Flamengo.

Um dos grandes momentos de Carlinhos como jogador foi o Fla-Flu decisivo do campeonato de 1963, quando liderou o time no empate de 0 a 0 que deu o título ao Flamengo. Naquele jogo, no dia 15 de dezembro, registrou-se o maior público entre dois clubes no futebol brasileiro: 177 020 torcedores, fora os caronas e penetras. O Fluminense precisava da vitória e martelou o jogo inteiro em busca do gol. E, aos quarenta minutos do segundo tempo, quase o conseguiu: Escurinho, ponta tricolor famoso pela velocidade e por chutar para fora, entrou livre na área e só tinha o goleiro Marcial pela frente. Naquele instante, deve ter-lhe ocorrido repetir um célebre gol de Babá contra o

Fluminense, num Fla-Flu de 1956, em que o ponta rubro-negro, com um toquinho, encobriu Castilho.

Então, com grande categoria, Escurinho deu o toquinho para também encobrir Marcial. Seria a vingança, a consagração e o título. Mas Escurinho esquecera-se de que goleiro podia não estar de acordo — e Marcial, com ainda maior categoria, apenas esticou o braço e pegou a bola com uma só mão. Foi das poucas vezes em que uma torcida (a do Flamengo, naturalmente) explodiu numa gargalhada, antes de respirar de alívio.

Em 1965, o Flamengo foi o campeão do Quarto Centenário do Rio de Janeiro. Naquele ano, contrariando sua tradição de consagrar jogadores feitos na Gávea, o Flamengo foi buscar um craque revelado em outras plagas: Almir, 28 anos, ex-Sport Recife, ex-Vasco, ex-Corinthians, ex-Boca Juniors, ex-Fiorentina e ex-Santos. E, apesar de campeão por vários desses clubes, foi nos seus dois anos de Flamengo que Almir encontrou uma torcida à altura de sua dedicação. Ela o apelidou de "Almir-Raça", e ele passou à história do clube.

Um gol seu contra o Bangu, num jogo de muita chuva, pelo primeiro turno do Campeonato Carioca de 1966, aos quarenta minutos do segundo tempo, ficou na história do próprio Maracanã. Um gol bem com a marca do Flamengo. O ponta rubro-negro Gildo cobrou uma falta sobre a barreira; Almir atirou-se de peixinho na pequena área e cabeceou com força; o goleiro banguense Ubirajara deu rebote; e Almir, caído no chão, com o rosto raspando a grama enlameada, deu novo bote e foi empurrando a bola de cabeça para as redes. Naquele momento, Almir não queria saber se o zagueiro Mario Tito, que estava chegando, iria chutar sua cabeça, com bola e tudo — só o gol lhe interessava. A foto desse gol foi parar na capa do jornal *France Football*.

No jogo do returno contra o próprio Bangu, que daria o título daquele ano ao time de Moça Bonita, Almir foi o prota-

CRIAS DA CASA

Paulo Henrique, mestre da lateral esquerda, e o canhotinha Gerson bloqueiam o Boca Juniors. Ao lado, Gerson e Amarildo, também formado na Gávea. Os dois explodiriam no Botafogo

DANDO A VIDA

Almir era a raça: de peixinho em peixinho, com a cara na lama, empurra a bola contra o gol do Bangu em 1966. Mas não adiantou tentar melar o jogo do returno [abaixo] — o Bangu ficou com o título

gonista de um dos maiores conflitos da história do Maracanã. O Bangu vencia por 3 a 0 e o Flamengo ainda lutava — mas a semana fora sacudida por feios rumores de suborno a alguns jogadores. Almir não se conformava em perder daquele jeito. Aos 25 minutos do segundo tempo, de caso pensado, armou um sururu em que brigaram os 22 jogadores e resultou na expulsão de nove deles — cinco do Flamengo. O juiz Airton "Sansão" Vieira de Moraes foi obrigado a encerrar a partida. Tudo bem, o Bangu tinha mesmo um timaço e mereceu ser campeão. Mas a torcida do Flamengo voltou para casa de cabeça erguida.

Por uma atitude como aquela, outro clube talvez fosse execrado como mau perdedor. Mas nenhum time está livre de uma briga em campo, e o que aquela teve de diferente foi que a torcida do Flamengo fez da derrota uma vitória.

"No Flamengo nada pega", disse o escritor Edigar de Alencar, e uma das causas disso é a criatividade de sua torcida. Ela absorve os piores insultos despejados pelos adversários e os converte em novas marcas do clube. Foi assim em 1969, com o grito de guerra das outras torcidas em jogos contra o Flamengo, chamando-o de urubu.

O racismo contido no insulto era inegável — não pelo Flamengo ter muitos jogadores negros (que todos os clubes os tinham), mas por ser, disparado, o clube mais querido entre os negros brasileiros (como se não o fosse também entre os brancos). E, assim, num Flamengo x Botafogo no dia 1º de junho de 1969, os botafoguenses gritaram urubu e a torcida rubro-negra surpreendeu-os, soltando um urubu vivo no gramado. A ideia foi dos torcedores Luiz Otavio Vaz Pires e Romilson Meirelles, moradores do Leme. O urubu era oriundo do lixão do Caju.

Foi (sem trocadilho) glorioso, porque, além de estrear o urubu como mascote, o Flamengo venceu por 2 a 1. E o personagem do urubu, criado pelo cartunista rubro-negro Henfil no *Jornal dos Sports*, tornou-se o novo símbolo do clube, destronando o marinheiro Popeye criado pelo caricaturista argentino Mollas, que já vinha desde os anos 30.

Aliás, o Flamengo é também o clube mais representado na caricatura — talvez porque, além de Henfil, alguns dos maiores caricaturistas e cartunistas brasileiros fossem rubro-negros declarados, como Lan, Ziraldo, Borjalo, Otelo Caçador e Caulos. Ou como Péricles, o criador do "Amigo da Onça".

No mesmo ano do urubu, 1969, o Flamengo frequentou as paradas de sucessos musicais nas vozes do tricolor Gilberto Gil e do mais que flamengo Jorge Ben. Em "Aquele abraço", sua despedida do Brasil rumo ao exílio, Gil deixou a saudação de "Alô, torcida do Flamengo, aquele abraço", até hoje o ponto alto do samba, toda vez que ele é executado. E, em "País tropical", interpretado pelo então cantor mais popular do país, o também rubro-negro Wilson Simonal, todo mundo ficou sabendo que Jorge Ben era Flamengo e tinha uma nega chamada Teresa. Mas, com aquilo, Jorge (que ainda não se assinava Benjor) apenas continuava uma longa tradição de compositores e cantores notoriamente flamengos.

Uma tradição anterior até ao futebol. Quando o Flamengo era um clube só de remo, já tinha um choro com seu nome e em sua homenagem, composto pelo trompetista Bonfiglio de Oliveira. Logo depois, nos anos 10 e 20, com o futebol, o Flamengo foi cantado em maxixes, *one-steps*, *ragtimes* e *fox-trots*, que eram os ritmos da época. Depois viriam os hinos (oficiais e extraoficiais), sambas, marchas e até baiões falando do clube.

E quais eram ou são os rubro-negros da música popular, da Época de Ouro até hoje? Apenas entre os mais famosos, Ary Barroso, Carmen Miranda, Moreira da Silva, Cyro Monteiro, Ataulpho Alves, Orlando Silva, Dircinha Batista, Wilson Batista, Geraldo Pereira, Haroldo Lobo, Pedro Caetano, Grande Otelo, Gilberto Alves, Jacob do Bandolim, Waldir Azevedo, Waldir Calmon, Blecaute, Elizeth Cardoso, Luiz Antonio, Cauby Peixoto, Angela Maria, Dolores Duran, Billy Blanco, João Roberto Kelly, Luiz Reis (o "Cabeleira"), Elza Soares, Pedrinho Rodrigues, Orlan Divo, Roberto Menescal, Marcos Valle, Caetano Veloso, Jards Macalé, Tony Tornado, Bebeto ("sambalanço"),

TRANSMISSÃO DE COROA

Em 1970, Carlinhos, o "Violino", soberano do meio-campo, passa suas chuteiras para uma promessa dos juvenis: Zico. E, em 1982, Zico recebe outra revelação das divisões menores: Zinho. Todos vingaram...

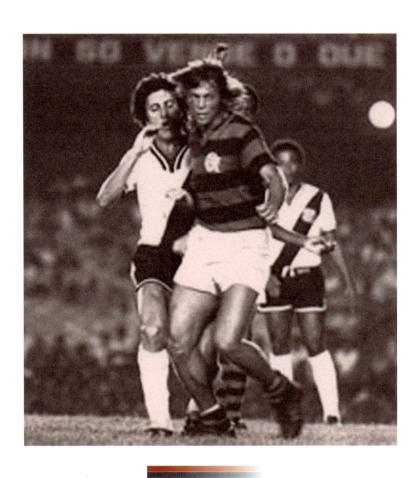

GOLS E MILONGAS

O argentino Doval conquistou a nação com sua categoria, ginga portenho-carioca e disposição para lutar noventa minutos. Foi a alma do Flamengo imediatamente pré-Zico e também o dos primeiros anos Zico

João Nogueira, João Bosco, Moraes Moreira, Baby Consuelo, Pepeu Gomes, Wando, Fafá de Belém, Elba Ramalho, Joãosinho Trinta, Leo Jaime, Oswaldo Montenegro, Luiz Ayrão, Alcione, Zezé Motta, Djavan, Xuxa, Leila Pinheiro, Arlindo Cruz, Moacyr Luz, Paulo César Pinheiro, Carlinhos de Jesus, Zizi Possi, Cazuza, Jorge Aragão, Alexandre Pires, Claudinho & Buchecha, Sandra de Sá, Herbert Vianna, Gabriel o Pensador, Marcelo D2, Paula Toller, Tony Garrido, Dudu Nobre, Ivo Meirelles, Ivete Sangalo, Diogo Nogueira, Neguinho da Beija-Flor e quase todos os neguinhos das outras escolas de samba, gafieiras, pagodes e terreiros. Todos eles, torcedores ativos e, como no caso de Wilson Batista, Billy Blanco, Jorge Benjor, João Nogueira e Moraes Moreira, autores de grandes sambas sobre o clube. (Incrivelmente, Ary Barroso nunca fez um samba para o clube do qual foi, por décadas, sinônimo).

Pode-se contar a história do Flamengo através das músicas que falaram dele nos últimos cem anos — porque elas não cantam só as glórias e as vitórias, mas também as derrotas e os períodos sem títulos. Mas, como é natural, a maioria delas se refere aos grandes jogadores de cada época. E são muitos os que, desde 1914, foram homenageados com música e letra gravadas comercialmente: Píndaro, Nery, Amado, Hélcio, Leônidas, Zizinho, Pirillo, Garcia, Rubens, Dequinha, Pavão, Zico (inúmeras vezes), Adílio, Claudio Adão, Rondinelli, Junior — e não estou contando os refrões criados nas arquibancadas. Curiosamente, nenhuma caiu mais no gosto do público do que "Fio Maravilha", com que, em 1972, Jorge Ben (sempre ele) cantou uma façanha de um dos mais folclóricos craques do Flamengo.

"Ué, Fio era craque?", perguntará você. Apenas para quem nunca o viu em campo: às vezes era, e fazia jogadas de Pelé. Mas, no minuto seguinte, tropeçava na grama, enrolava-se com a bola e fazia jogadas de Fio, mesmo — por isso, vivia entrando e saindo do time. Fio era irmão caçula de Germano, um ponta-

-esquerda que o Flamengo vendeu para a Europa e, em 1967, viveu um turbulento caso de amor com uma princesa italiana e se casou com ela. Germano era sempre bom jogador; Fio, só de vez em quando. Mas, no dia 16 de janeiro de 1972, no Maracanã, contra o Benfica, de Lisboa, por um torneio internacional de verão que o Flamengo venceu, Fio estava em seu dia de craque. Tabelou com o ponta Rogério, invadiu a área portuguesa, driblou dois zagueiros, enganou o goleiro e só não entrou com bola e tudo porque, como disse Jorge Ben, teve humildade. Ali nasceu "Fio Maravilha".

A música não foi suficiente para fazer de Fio titular — nem ele poderia, num time que tinha Reyes, Paulo Henrique, Rodrigues Neto, Zanata, Zé Mário, Rogério, Doval e Paulo César "Caju". Sem falar em Zico, ainda juvenil e já começando a arrasar sempre que lançado no time principal. Mas a música de Jorge Ben tornou Fio querido pela torcida. Pouco depois, mal-aconselhado, ele processou o compositor pelo uso de sua "imagem". Não ganhou, não levou, ficou com fama de bobo e de ingrato, e foi ser entregador de pizza nos Estados Unidos. Jorge Ben continuou a cantar a música, mas alterando letra e título para "Filho maravilha", que pode ser qualquer um — e Fio despontou de novo para o anonimato.

Foi no Campeonato Carioca daquele ano de 1972 (do Sesquicentenário da Independência, também vencido pelo Flamengo) que outro jogador rubro-negro revolucionou a forma de comemorar gols: o centroavante Caio. Na goleada de 5 a 2 sobre o Fluminense pela Taça Guanabara, para surpresa e deleite da torcida, ele saiu dando cambalhotas em cada um dos três gols que marcou no goleiro tricampeão do mundo, Félix. Até então, as comemorações limitavam-se aos saltos com o soco no ar (como Pelé) ou às pirâmides humanas em que, às vezes, o autor do gol via-se esmagado por seis ou sete companheiros, num total de 500 quilos sobre si. As cambalhotas de Caio (a partir daí, chamado de Caio "Cambalhota") deram um lado circense ao futebol, com o goleador transformando-

A REVELAÇÃO COUTINHO

O treinador Claudio Coutinho [abaixo à esq.], com ideias modernas e ousadas, armou [com Leandro, Zico e um plantel de feras] o maior Flamengo de todos os tempos. Uma das maiores revelações foi Geraldo [acima], que a morte levou pouco antes de esse time se firmar

-se num saltimbanco, e abriram caminho para as coreografias desajeitadas que se fazem hoje. Era como se, para Caio, não lhe bastasse marcar o gol — precisava também assiná-lo.

Um dos gigantes daquele time de 1972 era o zagueiro paraguaio Reyes. O Flamengo o comprara ao Atlético de Madri em 1967, confiando na tradição rubro-negra de se dar bem com os paraguaios (antes dele, nos anos 40, o Flamengo tivera o zagueiro Bria; nos anos 50, o goleiro García, o atacante Benítez e o treinador Fleitas Solich). Só que Reyes não tinha similares. Viera da Espanha como meio-campista, mas o treinador Yustrich (também ex-goleiro rubro-negro, campeão de 1942-3) o transformara em quarto-zagueiro. A classe e valentia de Reyes eram de tal ordem que, se se naturalizasse brasileiro, iria para a Seleção. Mas problemas de saúde abreviaram sua carreira. Reyes tinha leucemia e foi isso que o fez voltar para junto de sua família em Assunção. Morreu pouco depois, aos 35 anos, em 1974, e, até hoje, muitos o escalam no seu Flamengo ideal de todos os tempos.

E não esquecer que o Flamengo foi também o campeão carioca de 1974, título decisivo porque ali despontava o embrião do que seria o maior time da sua história. Naquele campeonato, Zico, aos 21 anos, ganhou de vez a camisa 10 dos titulares. Entre os quais já estava Geraldo, enorme revelação de meia-armador e que, no ano seguinte, convocado por Oswaldo Brandão, estaria na Seleção Brasileira.

Mas o destino se pôs entre Geraldo e a glória: ele morreria em 1976, aos 22 anos, de choque anafilático numa ridícula extração de amígdalas, numa clínica em Ipanema. Se Geraldo tivesse vivido para formar no time que se armou a partir de 1978, imagina-se a que alturas chegaria no futebol. Era da mesma fornada da qual tinham saído Zico e um lateral-direito que seria decisivo até como artilheiro na fase final do campeonato de 1974: Junior, vinte anos.

Junior na direita? Sim: sendo destro, foi onde ele começou. Mas, em 1976, num troca-troca com o Fluminense, promovido pelo presidente tricolor Francisco Horta, o Flamengo cedeu o impávido Rodrigues Neto, que jogava em qualquer posição, e recebeu o clássico lateral-direito Toninho. A torcida não gostou de perder Rodrigues Neto, mas, com Toninho efetivado na direita, Junior foi deslocado para a esquerda — na qual, como depois previu seu treinador Claudio Coutinho num programa de televisão, ele iria tornar-se o novo Nilton Santos.

Quando Coutinho disse isso, ouviram-se as risotas de deboche na mesa-redonda. E, antes e depois, ainda ririam de muitas declarações de Coutinho, considerado "muito intelectual" para a agrestia do futebol. Em 1978, quando ele foi o treinador da Seleção Brasileira na Copa da Argentina, o riso deu lugar à irritação, com o Brasil terminando invicto, só que em terceiro lugar. Mas Coutinho deu a volta por cima e, no mesmo ano, armou no Flamengo um time que entraria para a história dos esquadrões mundiais.

E, como ele previa, Junior tornou-se o novo Nilton Santos.

SEMPRE AOS DOMINGOS

O gol, a corrida para a torcida e o desalento dos adversários — uma cena que se repetiu em quase todos os jogos do Flamengo com Zico em campo. Leônidas, Zizinho, Dida — Zico superou-os a todos no coração da torcida, num caso único de identificação entre um jogador e um clube

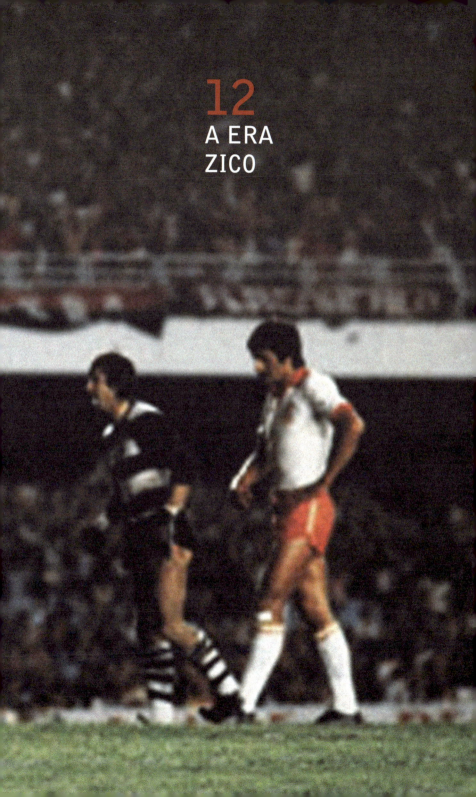

12
A ERA ZICO

Entre 1977 e 78, Coutinho trouxe o já veterano goleiro Raul Plassmann, o armador gaúcho Paulo César Carpeggiani (dado como acabado pelo Internacional) e o centroavante Cláudio Adão. Foi à mina dos juvenis e revelou garotos como Leandro, Andrade, Rondinelli, Adílio, Tita e o maravilhoso ponta-esquerda Julio Cesar, que a torcida chamava de "Uri Geller" — por entortar o adversário com seus dribles, assim como o *freak* israelense entortava talheres com o pensamento. (Mas, às vezes, Julio Cesar se ausentava, digamos, espiritualmente do jogo, porque ficava tentando identificar sua mãe na arquibancada do Maracanã!) Eles se juntaram aos já maduros Zico e Junior e formaram a base do time que, de 1978 a 88, com e sem Coutinho, conquistaria quase cinquenta títulos nacionais e internacionais para o Flamengo.

A odisseia rubro-negra começou no Campeonato Carioca de 1978, com o gol de Rondinelli que deu o título ao Flamengo no jogo final contra o Vasco da Gama. O Flamengo entrara em campo perdendo de 0 a 0, porque o empate dava o campeonato ao Vasco, e, aos quarenta minutos do segundo tempo, o oxo (pronuncia-se ôcho) insistia em ficar imóvel no placar. Outras torcidas talvez começassem a enrolar as bandeiras e sair de mansinho, para fugir à insuportável felicidade do inimigo. Mas a do Flamengo ficou firme. E, um minuto depois, houve um escanteio contra o Vasco.

Zico (por que Zico, se não era ponta?) foi cobrar pela esquerda. A torcida viu Rondinelli sair correndo de seu campo, rumo à área do Vasco, telegrafando o lance. Zico bateu o *corner* no espaço vazio, aonde sabia que Rondinelli iria chegar. E Rondinelli chegou. Vindo de trás, subiu mais alto que Abel, varou a defesa do Vasco como um pênis e cabeceou com força, no canto direito de Leão. Não era comum então que os zagueiros abandonassem sua área para cabecear nos escanteios, daí a surpresa do Vasco — e a nossa.

Era o gol, a vitória, o campeonato. Nenhum de nós no Maracanã viu mais nada, mas soube-se que ainda houve quatro minutos de jogo, com o Vasco indo para cima e Rondinelli, de volta à defesa, espanando para longe o ataque adversário. Ali nasceu o "Deus da Raça".

No dia seguinte, um repórter de rádio que fora ao vestiário relatou:

"Impressionante! Rondinelli correu os noventa minutos, anulou Roberto Dinamite, foi de uma área à outra, fez o gol da vitória, levantou a taça, deu a volta olímpica, concedeu umas trezentas entrevistas, ganhou o Motorádio e, debaixo do chuveiro frio, ainda estava de pau duro!".

Ao fim daquele 1 a 0, a torcida saiu do estádio certa de muitos dias dourados à sua frente. Ali estava o Flamengo do presente e do futuro: um time de meninos nascidos na Gávea, temperados por dois ou três veteranos de alhures, mas que sabiam encarnar a alma flamenga. E nem a campanha daquele campeonato de 1978 deixava dúvidas: 22 jogos, dezessete vitórias, quatro empates e uma derrota (para o Fluminense); sessenta gols pró (nenhum deles de pênalti) e apenas onze contra. Era a vitória também de uma equipe de dirigentes eleita em 1977, composta de rubro-negros dedicados e bem-sucedidos em seus ramos (vários da Rede Globo, do também rubro-negro Roberto Marinho), mas que nunca haviam trabalhado no futebol. Os mais conhecidos eram Walter Clark, Carlinhos Niemeyer, Borjalo e o homem que eles elegeram presidente: o tabelião e socialite Marcio Braga.

O título de 1978 foi de tirar o fôlego, mas o torcedor mal teve tempo de respirar, porque a odisseia continuou apenas dois meses depois, de fevereiro a maio de 1979, com um Campeonato Carioca especial programado pela Federação do Rio para preencher um buraco no calendário provocado pela CBF. Pois o Flamengo foi campeão de novo — na verdade, bi —,

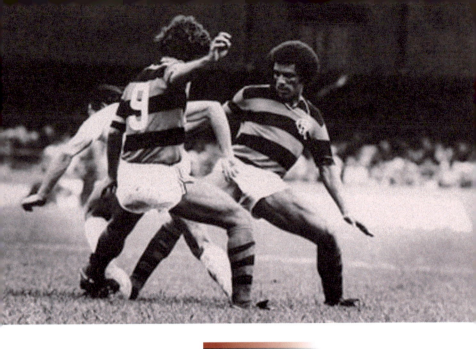

NACIONAL PARA VALER

Tita [nº 9] e Junior levaram o Flamengo à conquista do Brasileiro em 1980. Acabou ali a história de que o Flamengo, nacional como só ele, era um time "do Maracanã"

só que, dessa vez, invicto. E esse campeonato (que podia ser tampão, mas era oficial) foi seguido pelo campeonato estadual propriamente dito de 1979, com dezoito clubes e três turnos, que foi de maio a novembro — e que o Flamengo venceu de novo, conquistando, em dois anos, o terceiro tri de sua história.

Era um jogo atrás do outro, mas nenhum rubro-negro se queixava: cada vitória era saboreada como se fosse a primeira de uma série. E que longa série: entre a derrota para o Fluminense no campeonato de 1978 e outra para o Botafogo no segundo campeonato de 1979, o Flamengo passou 52 jogos invicto, para desespero das minorias. Nunca o Rio foi tão ensolarado e azul.

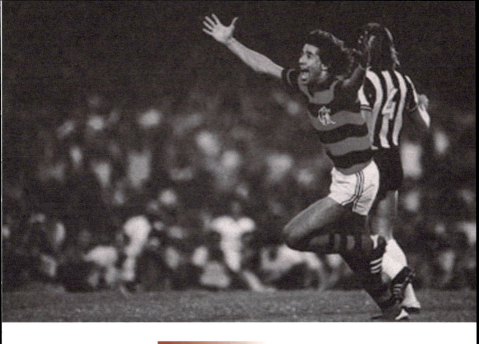

ARTILHEIRO

Nunes passa por todo mundo, fuzila e corre para o abraço no 3 a 2 contra o Atlético Mineiro que, em 1980, deu o título que faltava ao Flamengo. Ninguém foi tão efetivo quanto ele nas grandes decisões

Em 1980, o Fluminense, o Vasco e o Botafogo se uniram para impedir, a qualquer custo, que o favoritíssimo Flamengo fosse tetra. E conseguiram, porque o campeão foi o tricolor. O irônico é que nenhum dos três conseguiu derrotá-lo. O time que tirou o Flamengo da disputa do título foi o humilde Serrano, num jogo de meio de semana e sob temporal, em Petrópolis. O Serrano venceu por 1 a 0, com o gol do até então anônimo ponta-esquerda Anapolina, subitamente transformado em vingador. Mas até isso era típico do Flamengo, contra quem todos os goleiros querem se consagrar e os times mais modestos jogam como se estivessem numa final de Copa do Mundo.

Acontece que, naquele ano de 1980, o Flamengo tinha outros importantes assuntos a tratar. Um deles, o de buscar um título que lhe faltava: o de campeão brasileiro. Até então, em nove anos de campeonato nacional, o Flamengo sempre fizera campanhas pífias, dando margem a que, principalmente em São Paulo, tentassem rotulá-lo como "um time do Maracanã". A acusação era tola porque ignorava o fato de que nenhum outro clube brasileiro jogara tanto pelo país quanto o Flamengo — inclusive em São Paulo, onde muitas vezes derrotou os times da casa, entre os quais o mais poderoso de todos: o Santos de Pelé.

Mas, de fato, desde a instituição do Campeonato Brasileiro, em 1971, o Flamengo ainda não se explicara. Em 1980, seria diferente. Com a entrada de Nunes (formado no juvenil do Flamengo, mas revelado pelo Fluminense) no lugar de Cláudio Adão, e mantendo a base tricampeã carioca, o Flamengo foi aniquilando os adversários, até chegar à final em ida e volta contra o poderoso Atlético Mineiro de Reinaldo, Toninho Cerezzo e Éder.

Na primeira partida, muito violenta, em Belo Horizonte, o Flamengo jogou sem Zico, contundido, e Éder fraturou a mandíbula de Rondinelli numa dividida. Rondinelli caiu desacordado, com os olhos revirados. Voltou a si, ficou de pé e, mesmo sem saber direito onde estava, disse que ia continuar no jogo — e desmaiou de novo. Foi substituído e os companheiros passaram o resto do jogo temendo por sua vida. O Atlético Mineiro venceu por 1 a 0 e jogaria pelo empate no Rio.

Na partida de volta, diante de 164 mil pessoas no Maracanã, não adiantaram a violência de Chicão e a catimba de Palhinha. O Flamengo tinha de novo Zico e também Nunes, que começaria sua consagração como o artilheiro das grandes decisões. O primeiro tempo, duríssimo, terminou com o Flamengo vencendo por 2 a 1. No vestiário, Coutinho leu uma carta para a equipe: era de Rondinelli, escrita no hospital, com o maxilar preso por arames e parafusos. O "Deus da Raça" exortava: "Vamos pra cabeça, companheiros!".

Como se tivesse uma dívida para com Rondinelli, o Flamengo voltou com tudo para o segundo tempo. Reinaldo, grande jogador e mal podendo andar em campo com uma distensão, ainda conseguiu empatar para o Atlético. Mas Nunes, que já fizera o primeiro gol, foi lá sozinho e fez o terceiro, o do título — e o da disputa, em 1981, da taça Libertadores da América.

E esta, sim — a Libertadores —, era uma competição violentíssima, perigosa e desleal, em que não bastava saber jogar. Às vezes, era (e é) preciso também saber *não* jogar. Para o Flamengo de Zico, aquela Libertadores equivaleria a Paganini tocar serrote, John Gielgud interpretar Átila e Nijinsky dançar axé. Não era uma tarefa para os meninos brilhantes que eles eram — mas para os homens que eles também provaram ser.

VENCER OU VENCER

Leandro e Zico à frente, o Flamengo entra com a bandeira uruguaia no Estádio Centenário em Montevidéu para a "negra" da Libertadores contra o violento Cobreloa, do Chile

13
A CONQUISTA DO MUNDO

Qual foi o maior ano de sua vida? Se você é Flamengo e nasceu de 1970 para cá, a resposta é fácil: 1981. Naquele ano, o Flamengo já tinha 86 anos de existência e havia muito se habituara a ser uma instituição nacional, tanto quanto a feijoada, o Carnaval e o "jeitinho". Em 1981, ainda era possível encontrar veteranos torcedores rubro-negros que tinham visto jogar o Flamengo de 1914 — o de Píndaro, Nery e Riemer — e, nas décadas seguintes, presenciado as glórias de Amado, Moderato, Jarbas, Domingos, Leônidas, Zizinho, Vevé, Rubens, Dida. Se morressem naquele ano, não teriam o que reclamar da vida.

Mas nem estes poderiam supor que ainda estavam para ver o maior Flamengo de todos: o de Raul; Leandro, Marinho (ou Figueiredo), Mozer e Junior; Andrade, Adílio e Zico; Tita, Nunes e Julio Cesar (depois Lico).

O treinador já não era Coutinho, que se desentendera com a direção, mas não com o clube. Ao contrário, ao ir trabalhar no futebol americano, o apaixonado rubro-negro Coutinho jurara nunca treinar um time brasileiro que não fosse o Flamengo. Em seu lugar, assumiu Paulo Cesar Carpeggiani, trocando sua cátedra no meio-campo do Flamengo pela boca do túnel e iniciando sua carreira de treinador aos 32 anos.

Em 1981, sob Carpeggiani, o Flamengo seria campeão carioca, campeão da taça Libertadores da América e campeão mundial em Tóquio. Jogava quase diariamente, muitas vezes disputando duas competições ao mesmo tempo, além de amistosos e excursões, e parecendo sair direto do aeroporto para o campo. A raça e o entendimento entre os jogadores superavam qualquer cansaço — nem a torcida faria por menos — e davam a impressão de que o adversário era formado por onze jogadores com lumbago. E foi num jogo contra o Botafogo, no dia 8 de novembro, pelo terceiro turno do Campeonato Carioca daquele ano (sim, mais um campeonato de três turnos e em meio às duríssimas semifinais da Libertadores), que o Flamengo pagou uma antiga dívida para com a torcida.

Ao fim do primeiro tempo, o Flamengo já descera para o vestiário com 4 a 0 a seu favor. Poderia ter voltado para a segunda etapa apenas para "administrar" a vitória e poupar-se para as outras competições. Mas, nas arquibancadas, a torcida rugia: "Queremos seis! Queremos seis!". Seria a resposta à inacreditável goleada de 6 a 0 imposta pelo Botafogo ao Flamengo em 1972 e com a qual os torcedores rubro-negros nunca se tinham conformado.

Não era só a torcida que queria vingança. A esmagadora maioria dos jogadores daquele time também era Flamengo desde criança. Vários, ainda em idade de sarampo e caxumba, tinham assistido ao jogo no Maracanã nove anos antes e chorado com a goleada botafoguense. Pois, agora, a resposta estava nos seus pés. E ela veio com o quinto gol (Zico, de pênalti), aos trinta do segundo tempo, e o sexto, de Andrade, de fora da área, aos 42. Em momento algum a torcida duvidou que o sexto gol sairia. E foi uma feliz coincidência que o autor do sexto gol, Andrade — por ironia, botafoguense em criança —, tivesse o número 6 às costas. No dia seguinte, a melhor manchete, a mais deliciosamente cruel, foi a do *Jornal dos Sports*: "Botafogo, nós gostamos de vo-seis".

De maio a dezembro daquele ano de 1981, o Flamengo disputou 35 jogos pelo Campeonato Carioca e quatorze pela Libertadores, com uma competição entrando pela outra e muitas viagens pelo meio, algumas para jogar a 3500 metros acima do nível do mar. A conquista da Libertadores veio primeiro, em novembro, nas finais contra o desleal Cobreloa, do Chile, que pensava subjugar o Flamengo no que este sempre teve como sua grande arma: a raça.

No primeiro jogo, no Maracanã, o Flamengo venceu por 2 a 1, e foi para o segundo, três dias depois, em Santiago, com a

DIA DO TROCO

Os 6 a 0 sobre o Botafogo em 1981 devolveram a inacreditável goleada sofrida em 1972 para o mesmo Botafogo. A torcida pediu "Queremos seis!", e o nº 6 — Andrade — a atendeu

vantagem do empate. Mas o Cobreloa não queria saber de futebol e armou de tudo para vencer. A imprensa chilena preparou o clima de hostilidade; soldados e cachorros tentaram intimidar os jogadores do Flamengo no vestiário; o zagueiro Mario Soto jogou com uma pedra na mão; e a torcida do Cobreloa ameaçava invadir o campo — o que, se se tivesse concretizado, teria provocado uma batalha campal porque somente a Raça Rubro-Negra lotara 42 ônibus para Santiago. Nunca o verso "Uma vez Flamengo, Flamengo até morrer" esteve tão perto da verdade.

No gramado, o juiz, talvez por algum acerto, deu carta branca aos chilenos para bater. Zico recebia a bola e era atacado a coices e jogado longe; Adílio teve o supercílio rompido por um soco; Junior caiu num choque com um adversário e foi pi-

NA BOLA E NO BRAÇO

À vitória sobre o Cobreloa no Maracanã seguiu-se o massacre dos rubro-negros em Santiago. Na "negra", não bastava ganhar a taça: Anselmo entrou em campo [abaixo] para justiçar o carniceiro Mario Soto

sado no chão por um chileno; e o ponta-esquerda Lico perdeu dois dentes e quase ficou sem um olho, com os murros e pontapés de Mario Soto. O Cobreloa fez 1 a 0 e não haveria time no mundo capaz de virar o resultado — não naquelas condições. O placar não foi maior porque, para espanto do Cobreloa, o Flamengo não correu do pau. Ao fim do massacre, no hotel, o ambiente era de enfermaria: todos os jogadores do Flamengo estavam não contundidos, mas feridos.

Veio a terceira partida, dali a apenas quatro dias, mas em campo neutro: o estádio Centenário, em Montevidéu — para onde rumou também a Raça Rubro-Negra. A arbitragem do jogo anterior fora tão escandalosa que o juiz escalado para a "negra", o uruguaio Roque Cerullo, resolveu impor a lei. E bastou isso para que o Cobreloa, ainda apegado à política do pontapé, tomasse dois gols de Zico e não fizesse nenhum.

Faltando quatro minutos para o fim do jogo, Carpeggiani, vendo a vitória garantida, fez o que toda a nação rubro-negra esperava, mas não ousava pedir: pôs em campo um jogador, o jovem centroavante Anselmo, com a única missão de acertar as contas com Mario Soto. E, assim, sem que seus companheiros soubessem do plano, Anselmo entrou, rumou direto para as fuças de Mario Soto e foi expulso. Tudo em menos de trinta segundos. O tempo fechou e Mario Soto, com grande atraso, também acabou expulso. Dali a pouco, o Flamengo era campeão da Libertadores — o primeiro time brasileiro a ganhar esse título desde o Santos, em 1963, dezoito anos antes.

A volta dos jogadores ao Rio foi um dos grandes momentos na vida de todos eles, com o aeroporto do Galeão estourando de gente e Leandro chorando nos braços da torcida, enrolado na bandeira e cantando com ela o hino do Flamengo. Naquele momento, Leandro era o profissional ou o torcedor? As duas coisas. Essa mistura de sentimentos era bonita, e mais ainda num jogador como ele, tímido fora do campo, mas que tinha plena consciência de seu talento. Quando fazia uma grande jogada (e eram várias por jogo), Leandro vibrava e exclamava para o companheiro mais próximo: "Eu jogo pra caralho!".

Mas a festa ia parar por ali — por enquanto. O Campeonato Carioca, que ficara para trás, estava na reta final e era um dos mais difíceis que o Flamengo já disputara: mais uma vez, três turnos, com doze clubes, onze deles a fim de parar a máquina rubro-negra. O Flamengo vencera o primeiro e o terceiro turnos; o Vasco, o segundo. Na decisão contra o Vasco, o Flamengo tinha o direito de ser campeão com um simples empate em um jogo; já o Vasco teria de vencer duas vezes para forçar uma "negra" em igualdade de condições. Donde poucas vezes um clube esteve tão com a mão na taça às vésperas de uma decisão como o Flamengo.

E, então, Cláudio Coutinho chegou ao Rio, de férias. Foi ao clube visitar seus ex-comandados e, no dia seguinte, ao fazer caça submarina nas ilhas Cagarras, morreu afogado.

Até que ponto um elenco pode ficar imune a um golpe assim? Coutinho vibrara com a conquista da Libertadores como se o time ainda fosse seu, não de Carpeggiani. E, de certa forma, era: ele o armara. Os jogadores continuavam seus amigos e, em sua temporada no Rio, estavam juntos o tempo todo. Naquela tarde, o mergulho nas Cagarras destinava-se a capturar matéria-prima para uma peixada da qual participaria Junior. Coutinho era bom mergulhador, mas pode ter morrido pela descompressão súbita que acontece quando se tenta subir à tona muito rápido.

Junior acompanhou a volta do corpo até a praia de Copacabana, e é fácil calcular o que a morte de Coutinho representou para o time. Seu enterro, no cemitério São João Batista, foi acompanhado por milhares de torcedores embandeirados.

Apenas dois dias depois, os jogadores foram a campo para a primeira partida contra o Vasco — um Vasco decidido a vencer, sem a maratona da Libertadores e sem o trauma da perda de um irmão. Os cruz-maltinos ganharam por 2 a 0, forçando uma segunda partida. E, nesta, voltaram a vencer, agora por

NASCIDO PARA GOLEAR

Os gols de Nunes deram ao Flamengo um Campeonato Estadual [1981], dois Brasileiros [1980 e 1982] e um Mundial [1981]. E, aos adversários, dor de cabeça sempre que ele entrava na área

1 a 0, graças a uma bola presa na lama dentro da área do Flamengo e aproveitada por Roberto Dinamite, aos 42 minutos do segundo tempo. Finalmente, os dois times estavam iguais e, se o terceiro jogo terminasse empatado, iria para prorrogação e pênaltis. O Vasco já fizera o impossível. Restava ao Flamengo fazer o que era preciso.

A torcida pressente as coisas. No primeiro jogo, foram ao Maracanã 80 mil pessoas; no segundo, apenas 45 mil — e o Flamengo podia ter saído campeão em qualquer dos dois. Mas a torcida sabia que ainda não era a hora, que o time ainda estava abalado. Para o terceiro jogo, 162 mil torcedores pagaram ingresso — porque aquela, sim, era a hora. E não deu outra: no primeiro tempo, logo aos dezenove minutos, Adílio, 1 a 0; aos 23, Nunes, 2 a 0. Apesar do partidaço jogado pelas duas equipes, o placar só voltaria a alterar-se aos 38 minutos do segundo tempo, quando o Vasco descontou.

Faltando sete minutos para terminar, sentia-se que o Vasco iria partir com tudo para o empate contra um Flamengo saturado de triunfos e conquistas. E, então, o que aconteceu? Emergindo da geral, um torcedor invadiu o campo.

Um torcedor do Flamengo, com camisa, bandeira e tudo: o ladrilheiro Roberto Passos Pereira, 23 anos. O jogo foi interrompido, os jogadores do Vasco partiram para agredi-lo e os do Flamengo o defenderam. Mais da metade das arquibancadas aplaudia o ladrilheiro; o resto, naturalmente, ululava de ódio. Vinte minutos depois, o jogo foi retomado, mas o que sobrou de futebol não foi suficiente para o Vasco empatar. Acabava ali o campeonato. Nas arquibancadas e gerais, mais de 100 mil pessoas gritavam o nome de Coutinho. E o refrão: "Ão, ão, ão, só falta o Japão!".

Coincidência ou não, na véspera, alguém muito parecido com o ladrilheiro tinha sido visto na casa de Antonio Augusto Dunshee de Abranches, presidente do Flamengo... E deixou brilhando os ladrilhos da casa do cartola...

FURACÃO EM TÓQUIO

Quando o poderoso Liverpool, campeão da Europa, se deu conta, o Flamengo já tinha feito 3 a 0. Foi também a primeira amostra que os japoneses teriam de Zico, a quem, no futuro, deveriam a construção de seu futebol

Só faltava o jogo de Tóquio, entre o campeão sul-americano e o campeão europeu, que iria definir o campeão do Mundial de Clubes. Os torcedores de certos clubes (na verdade, apenas os daqueles que tentaram, mas não ganharam, ou que nunca chegaram lá) gostam de dizer que o título ganho em Tóquio não é "reconhecido" pela Fifa. Ah, não? Que chato...

Mas já era reconhecido por gente muito mais importante: os torcedores dos dois maiores continentes do futebol. Para chegar à disputa final, cada clube precisou disputar campanhas exaustivas, tendo de eliminar dezenas de adversários, em seu país e em países estrangeiros. E numa época em que, no caso da Libertadores, muitas vezes sem a presença da televisão e com o beneplácito de juízes hispânicos, nossos hermanos de continente sentiam-se livres para fazer em campo o que quisessem. Em comparação àqueles tempos, a Libertadores de hoje é uma teteia.

Até alguns anos antes, a final do Mundial de Clubes não era em Tóquio, mas em duas partidas de ida e volta — um jogo na Europa, outro na América do Sul —, como aconteceu quando o Santos foi bicampeão, em 1962 e 1963. Mas o excesso de confusões em jogos contra argentinos e uruguaios fizera com que os clubes europeus já não quisessem jogar aqui. Então, o Japão, por iniciativa da Toyota, ofereceu-se como território neutro para a decisão numa só partida. E a decisão de 1981 foi entre o Flamengo, campeão sul-americano, e o inglês Liverpool, campeão europeu. Uma disputa legítima, definida nos gramados, não em gabinetes refrigerados de redes de televisão, com tabelas armadas e times africanos ou asiáticos fazendo número.

Para enfrentar o Liverpool, o Flamengo não foi para Tóquio com semanas de antecedência, para "habituar-se ao fuso horário", nem encarou aquele jogo como um caso de vida ou morte. Era apenas uma decisão, como muitas que o Flamengo estava disputando na época. Evidente que era a mais importante de sua história, mas em momento algum Zico e seus companheiros imaginaram que o Liverpool, mesmo tendo derrubado o Real Madrid para chegar a Tóquio, fosse um fantasma. Não importava nem que o Flamengo estivesse saindo de uma maratona de três jogos apertados contra o Vasco, precedidos pela traumática morte de Cláudio Coutinho, e tivesse praticamente embarcado no Maracanã, em meio à festa da vitória, para um voo Rio-Tóquio de quase 24 horas, com uma cansativa escala em Los Angeles. A final contra o Vasco fora no dia 6 de dezembro. Uma semana depois, dia 13, à meia-noite de sábado no Rio e meio-dia de domingo em Tóquio, o Flamengo entrou em campo e precisou de apenas 45 minutos para arrasar o Liverpool, com gols de Nunes, Adílio e de novo Nunes — todos com participação de Zico. Durante o segundo tempo, em que o Flamengo se limitou a dar show, a frase mais repetida em campo entre os jogadores, segundo Zico, era: "Já imaginou a loucura no Brasil a esta hora?". Com o jogo correndo e os ingleses dando tudo para reagir, o pensamento dos meninos do Flamengo era para com a torcida no Brasil.

Naquela madrugada de sábado para domingo, só não se pode dizer que o Rio dormiu e amanheceu rubro-negro porque o Rio, literalmente, não dormiu. As ruas foram tomadas pelas carreatas da vitória, a cidade engarrafou do Leme ao Leblon às quatro da manhã e, dali a poucas horas, mal o sol nascera, as praias estavam cheias de gente tresnoitada, curtindo a melhor ressaca da vida delas. O mar também estava coalhado de barcos com a bandeira rubro-negra — um "domingo de regatas" como nunca se vira. Até as bancas de jornais estavam vestidas de vermelho e preto, cobertas de pôsteres do campeão do mundo, impressos em tempo recorde, pela madrugada afora. Na segunda-feira, os noticiários falariam de comemorações-monstro em João Pessoa, Belém, São Luís, Vitória, Brasília, Florianópolis e em todas as cidades de Minas Gerais, Pernambuco e Bahia.

Anos depois, o Grêmio e, duas vezes, o São Paulo também seriam campeões mundiais em Tóquio. Mas suas conquistas, igualmente maravilhosas, não tinham um alcance nacional como a do Flamengo. Sim, eles também eram o Brasil em Tóquio. Mas o Flamengo era o Brasil em Tóquio — e no Brasil.

ADEUS ÀS ARMAS

6 de fevereiro de 1990 — jogo de despedida de Zico no Maracanã. Uma nação inteira teve de adaptar seus domingos a uma nova realidade, muito mais opaca. Mas o futebol tinha de seguir em frente

14
VIVER SEM ZICO

O Flamengo voltou de Tóquio, o que, naturalmente, deu origem a outro carnaval já a partir do Galeão. Os jogadores mal tiveram alguns dias de férias e, em janeiro de 1982, já estavam de novo em campo, agora pelo Campeonato Brasileiro. Um campeonato que eles, insaciáveis, queriam conquistar de novo.

Por que essa fome de títulos? O próprio Zico, num dos vários livros sobre sua vida, perguntou: "Por que queríamos vencer um torneio que já tínhamos vencido antes? E se já tínhamos, inclusive, vencido outro mais importante [o Campeonato do Mundo]?".

Ele mesmo respondeu: "Porque queríamos vencer quantos campeonatos houvesse pela frente. Não nos conformávamos em perder. Se aguentássemos, jogaríamos todo dia".

E, assim, o Flamengo de Zico foi novamente campeão brasileiro em 1982, aniquilando potências da época como São Paulo, Internacional, Corinthians e Atlético Mineiro, enfrentando pilhas de rádio atiradas das arquibancadas em Campinas pela torcida do Guarani e, na final, tendo de enfrentar o Grêmio duas vezes dentro do estádio Olímpico, em Porto Alegre, empatando a primeira partida e vencendo a segunda.

Era a vontade de vencer sempre, a alma enfiada na camisa e a certeza do reconhecimento da torcida — será possível contabilizar a que ponto a torcida se multiplicou na era Zico? E esse espírito continuou no campeonato brasileiro de 1983, vencido de novo pelo Flamengo, só que agora numa final — 3 a 0 — contra o Santos, no Maracanã, diante de 155 mil torcedores, recorde de público no Campeonato Brasileiro e que nunca será superado — não há mais estádios que comportem tanta gente.

Pensando bem, tal sucessão de títulos era até covardia — porque aquele ainda era o Flamengo de Raul, Leandro, Marinho, Mozer, Junior, Andrade, Adílio, Tita, Zico, Nunes, Lico. Ou, como disse o radialista e inventa-línguas rubro-negro Washington Rodrigues, o "Apolinho": "Naquele time, só o Nunes era bom". Queria dizer que os outros eram de craque para cima...

O torcedor rubro-negro era grato a esses rapazes, mas não apenas a eles. Havia também os que estavam sempre prontos a entrar na falta do titular: Cantarelli, Nelson, Nei Dias, Manguito, Vitor, Carlos Alberto, Peu, Baltazar, Robertinho, Baroninho e — impossível esquecê-lo — Anselmo. Durante cinco anos, aqueles jogadores tinham conquistado tudo que era possível em futebol: títulos, glórias, dinheiro (os que tiveram cabeça, e que foram quase todos, acumularam um pé-de-meia para o resto da vida) e o amor nacional.

Naquele tempo, era prejuízo certo chegar atrasado ao estádio em jogos do Flamengo — como me aconteceu num Flamengo x Grêmio em que, ao chegar ao Maracanã com a partida iniciada havia um minuto, já estava Flamengo 1 a 0.

A partir de meados de 1983, no entanto, começaria a desintegração. Zico e Junior foram vendidos quase à força para a Itália, contra a vontade da torcida e deles próprios. A saída de Zico, logo após a vitória contra o Santos na final do Brasileiro de 1983, foi um dos capítulos mais dramáticos da história do clube: o jogador lutando para ficar, até com prejuízo financeiro, e os dirigentes — segundo o noticiário da época — insistindo em vendê-lo. Sem Zico e Junior em 1984 e 1985, o Flamengo experimentou um jejum de títulos a que seus torcedores já não estavam habituados.

Naqueles dois anos, as tardes de domingo eram tão vazias e intermináveis quanto um fim de semana na roça, e havia dias em que não valia a pena levantar cedo da cama para pegar o jornal na porta — a capa do caderno de esportes trazia sempre uma derrota do Flamengo —, donde o melhor era virar para o outro lado e continuar dormindo.

* * *

Foi preciso que, com George Helal na presidência, se articulasse a volta de Zico, em 1986 — e, com ele, a volta dos títulos. A começar pelo do Campeonato Carioca daquele ano, no qual Zico jogou apenas quatro partidas, por contusões ou por estar na Seleção. Mas só o fato de ele estar ali de novo, à mão (ou ao coração), era suficiente para que veteranos como Leandro (agora na zaga ou no meio-campo), Mozer, Andrade, Adílio e garotos recém-saídos dos juniores, como Jorginho, Aldair, Zinho e, principalmente, Bebeto, arrebatassem o caneco estadual.

O próprio Sócrates, uma bandeira do Corinthians, foi do Flamengo naquele ano, mas suas sucessivas contusões impediram que imprimisse uma lembrança mais forte na torcida. Seria melhor alinhá-lo ao lado de Friedenreich, Garrincha, Luís Pereira, Carlos Alberto Torres, o próprio Edu (irmão de Zico), Edmundo e outros que, em fim de carreira ou não, vestiram quase simbolicamente a camisa rubro-negra, mas não podem ser considerados "jogadores do Flamengo". Há também aqueles que a vestiram por mais tempo, empaparam-na de suor e, com ela, até conquistaram títulos, mas o torcedor, por continuar a identificá-los com seus clubes de origem, também nunca os sentiu como se fossem "do Flamengo": Paulo César "Caju", Dario ("Dadá Maravilha"), Edinho, Branco, Casagrande, Ricardo Rocha, Denílson, Diego Tardelli. E há pelo menos três que o torcedor preferia que nunca a tivessem vestido: Alex (meia), por falta de brio, Zé Roberto (lateral esquerdo) e Vampeta, por falta de caráter, mesmo.

Em 1987, como sempre envolta em confusões, a CBF abriu mão de organizar o Campeonato Brasileiro. O Clube dos 13, instrumento particular dos clubes, acolheu-o e, com o nome de Copa União e em parceria com a Rede Globo, reuniu os dezesseis principais clubes do país para disputá-lo. Para todos os efeitos, a Copa União *era* o Campeonato Brasileiro.

Naquele ano, com Zico entrando e saindo da sala de cirurgia (por uma entrada homicida de um zagueiro do Bangu em seu joelho), ninguém dava nada pelo Flamengo. Mas ele foi o campeão da Copa União — o que, aos olhos de todos os concorrentes, o tornou tetra. Hoje, ao se ver a escalação daquele time, é fácil entender: Zé Carlos, Jorginho, Leandro, Edinho (ou o jovem Aldair) e Leonardo; Andrade, Ailton e Zico; Renato Gaúcho, Bebeto e Zinho. Todos, exceto Leandro, Edinho e Zico, eram muito jovens, e a maioria revelada na Gávea. E também todos, exceto Ailton (bom jogador), já tinham sido ou viriam a ser da Seleção Brasileira. Cinco deles, por sinal — Jorginho, Aldair, Leonardo, Bebeto e Zinho —, formariam a base do Brasil tetracampeão mundial em 1994. O treinador era o querido Carlinhos, o "Violino", que sempre falou a língua do Flamengo como ninguém.

Mas aconteceu que, com o campeonato em andamento e já um grande sucesso, a CBF arrependeu-se e armou uma filigrana técnica para não ficar de fora: dividiu o campeonato em "módulos", com o azul correspondendo ao do Clube dos 13, e o verde, organizado por ela, em parceria com o SBT, correspondendo a uma segunda divisão. Na visão da CBF, os campeões e os vice-campeões dos dois "módulos" se enfrentariam numa partida final para apurar o campeão.

O Clube dos 13, por unanimidade, nunca concordou com essa decisão. Assim, campeão de fato e de direito e apoiado por seus coirmãos, o Flamengo recusou-se a jogar contra o Sport Recife, campeão da segunda divisão — fosse campeão o Internacional, o São Paulo, o Atlético Mineiro ou o Bahia, também não haveria o jogo contra o Sport. A CBF classificou aquilo como uma insubordinação e decretou que, para seus arquivos, o campeão brasileiro de 1987 é o Sport. Mas, para o CND (Con-

O TETRA INDISCUTÍVEL

O tetracampeonato brasileiro, ganho em 1987 sobre o Inter por 1 a 0, seria depois contestado no tapetão. E olhe que dez jogadores daquele time seriam da Seleção Brasileira, quatro dos quais tetracampeões mundiais

A VOLTA DO MAESTRO

Depois de anos na Itália, Junior voltou ao Brasil, de cabelo grisalho e na posição que ele sempre considerou sua — o meio de campo — para levar o Flamengo ao penta brasileiro em 1992

selho Nacional de Desportos), o Clube dos 13, a Rede Globo, boa parte da imprensa e todos os demais efeitos, sempre foi o Flamengo. Desde então, esse título está em litígio. A própria CBF levou mais de vinte anos, mas finalmente reconheceu o Flamengo como campeão, sem despir o título do Sport. O Flamengo não se importa em partilhar o título — que deveria ser só seu —, mas o Sport não aceita dividir a faixa e se vale de recursos na Justiça pernambucana para se dizer único campeão.

Em 1989, aos 36 anos, cansado de lutar por seu joelho, Zico abandonou o futebol. Muitas épocas também se encerraram ali — porque Zico não era apenas Zico. Ele era Zizinho, Leônidas, Pirillo, Rubens, Dida, resumindo num só o que todos tinham de melhor. O torcedor nunca se conformou, porque o futebol sem Zico parecia intolerável.

Doze anos antes, Jorge Ben cantara: "É falta na entrada da área/ Adivinhe quem vai bater/ É o camisa 10 da Gávea...". E, na sua despedida, no dia 2 de dezembro, num Fla-Flu pelo Campeonato Brasileiro, mas disputado, ora vejam só, em Juiz de Fora (MG), houve uma falta na entrada da área tricolor. Adivinhe quem foi bater: Zico — e bola na caçapa do goleiro Ricardo Pinto. Era o seu 508º e último gol com a camisa rubro-negra em dezenove anos, 730 partidas e 36 títulos que ele ajudara a conquistar para o Flamengo. Sem falar nos gols que nós, rubro--negros, temos de repartir com a turba: os que Zico marcou pela Seleção Brasileira, da qual foi, por muito tempo, o maior artilheiro depois de Pelé.

Nada tinha sido fácil para Zico. Seu sucesso no futebol exigira uma enorme carga de determinação: milhares de horas em salas de musculação e outras tantas de prazeres que ele, ainda adolescente, deixou de desfrutar. Sua dedicação ao futebol pode ser resumida como a entrega total. Durante muito tempo, Zico sofreu a campanha dos bobocas, de que seria um "jogador do Maracanã" — e quantas vezes não provou o contrário com seus gols? Perto do fim, já realizado e independente financeiramente, poderia ter abreviado sua carreira e se aposentado para dedicar-se à família. Mas, não: submeteu-se a várias cirurgias no joelho e voltou a campo todas as vezes que pôde, sempre para nos brindar com mais gols, vitórias e alegrias. Só se retirou quando o esforço para continuar superava a capacidade de resistência de qualquer ser humano. Mesmo assim, anos depois, aceitou ir jogar no Japão, onde o futebol ainda não era tão competitivo — e, com isso, abriu os olhos de milhões de japoneses para a beleza do jogo. Hoje, Zico é estátua em Tóquio.

Em dezembro de 1981, eu estava na Gávea, fazendo uma longa entrevista com Zico para a revista *Playboy*, e ouvi quando Marcio Braga disse para ele: "Você ainda vai ser presidente do Flamengo". Na época, isso soava estranho — um ex-jogador tornar-se o presidente do clube —, embora tanto o Flamengo como o Fluminense já tivessem aberto esse precedente em 1939, respectivamente com Gustavo de Carvalho e Marcos Carneiro de Mendonça. Mas Marcio Braga, ele próprio presidente, estava certo: Zico nunca se tornou presidente do Flamengo porque não quis. Quando achar que for a hora, será eleito por aclamação e sem adversário, porque ninguém se atreverá a enfrentá-lo. É inatingível, uma espécie de grande estadista do futebol — alguém acima e além das convenções.

Quanto ao fato de seu último Fla-Flu ter sido disputado em Juiz de Fora — e não no Maracanã —, nada de mais nisso. Grandes Fla-Flus, com os dois times completos, já foram jogados em muitas cidades que não o Rio, entre as quais Salvador, Fortaleza, Maceió, Recife, Brasília, Porto Alegre e São Paulo. É o clássico mais exportável do futebol brasileiro, tanto que já foi jogado até em La Coruña, na Espanha. Quanto àquele em Juiz de Fora, nem foi o primeiro Fla-Flu na cidade mineira. Foi o terceiro.

Mas, a partir dali, o Flamengo teve de aprender a viver sem Zico. Por sorte, tinha Junior de volta, depois de cinco anos na Itália: 35 anos, cabeça grisalha, mas em grande forma, com o mesmo brilho no olhar e, agora, insuperável na posição em que sempre quis jogar: o meio-campo.

A segunda carreira de Junior no Flamengo, de 1989 a 93, seria tão assombrosa quanto a primeira, porque ele deu ao clube a Copa do Brasil, em 1990, mais um Campeonato Carioca, em 1991, e o pentacampeonato brasileiro, em 1992. Num total de quatorze anos como titular do Flamengo, ele vestiria sua camisa 866 vezes (o jogador que mais atuou na história do clube). Não admira que a tenha identificado como sua "verdadeira pele". Aliás, a expressão "pele rubro-negra", criada por Junior, viria substituir uma outra, também criada para o Flamengo: a do "manto sagrado" — mas vulgarizada depois que torcedores de outros clubes a adotaram para se referirem às suas camisas.

Naquele final dos anos 80, também continuava acesa a tradição rubro-negra expressa no seu antigo lema: "Craque, a gente faz em casa". De suas divisões inferiores, estavam surgindo talentos como Djalminha, Marcelinho, Junior Baiano, Paulo Nunes, Alcindo e Nélio. Com eles, o Flamengo ganhou os grandes títulos da era Junior, mas intercalados com derrotas inesperadas ou campanhas lamentáveis. E o lema "Craque, a gente faz em casa" mereceu ganhar um adendo: "Depois vende". Na mesma época, o Flamengo continuou a vender suas revelações já firmadas ou por se firmarem: Jorginho, Aldair, Leonardo, Zinho, Djalminha, Marcelinho (rebatizado, no Corinthians, como Marcelinho Carioca), Paulo Nunes — todos foram abastecer os adversários, torná-los campeões. E alguns, como Leonardo e Djalminha, antes de ter chegado à plenitude de seu futebol.

MOTIVO DE PIADA

No ano de seu centenário, 1995, o Flamengo armou o que poderia ser o "maior ataque do mundo": Romário, Sávio e Edmundo. Mas ele simbolizou uma época em que fizeram do Flamengo um balcão de negócios

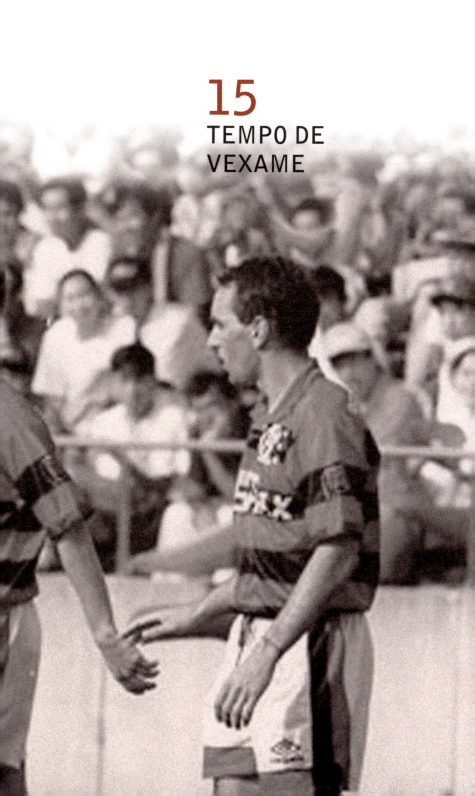

15
TEMPO DE VEXAME

Em 1995, ano de seu primeiro centenário, o Flamengo preparou-se para ser campeão de tudo no futebol. E não foi campeão de nada, exceto em vexame.

Conseguiu o milagre de arrancar da Europa o então maior jogador do mundo — Romário. Contratou também Edmundo e já contava com Sávio, a maior promessa do clube em anos. Mas aquele que foi anunciado como o "melhor ataque do mundo" fracassou grotescamente e virou piada dos adversários. Edmundo foi logo embora e já foi tarde; Romário acabou voltando para a Espanha; e Sávio também foi vendido, para o Real Madrid. Como eles, outros cem (cem!) jogadores foram comprados e vendidos nos quatro anos da administração Kleber Leite. O Flamengo tornou-se um balcão de negócios, uma banca de camelô, um leilão de mafuá — com muito dinheiro entrando e saindo, mas com pouco ficando para o clube.

A Gávea se transformou num motel de altíssima rotatividade, em que as camisas de 1 a 11 eram vestidas e despidas por estranhos na mesma velocidade com que os motéis trocam os lençóis. Alguns desses jogadores nem chegaram a entrar em campo, e muitos nem deveriam ter entrado. Sob Kleber, o Flamengo ameaçou desmoralizar o patrimônio acumulado nos cem anos anteriores. Sua única conquista, o título carioca invicto de 1996, ainda com Sávio e Romário, mal serviu para aliviar a vergonha de derrotas recentes ou das que logo viriam. Entre as recentes, estava a perda do título carioca de 1995 para um Fluminense com apenas oito jogadores, aos 41 minutos do segundo tempo, numa bola cruzada por Ailton e que bateu na barriga de Renato Gaúcho e entrou — sendo Ailton e Renato dois ex-rubro-negros dispensados por Kleber. Entre as derrotas humilhantes que ainda iriam acontecer, haveria a do Campeonato Carioca de 1997 para os reservas do Botafogo, por 1 a 0, gol de Renato "Pé Murcho".

Em certo momento, era como se estivessem convertendo o Flamengo num time de circo, tais as gargalhadas que já provocava até em sua torcida. Naqueles cem anos, ela convivera esporadicamente com figuras como Foguete, Berico, Paulo "Choco", Oswaldo "Ponte Aérea", Buião, Mineiro, Caldeira, Michila, Dendê, Bujica, Bigu. Um ou outro podia jogar no Flamengo porque estava cercado por oito, nove craques. Mas, sob Kleber, era como se o Flamengo fosse o pouso natural de jogadores medíocres, comprados a preço de craques. E mesmo os jogadores acima de razoáveis que foram contratados naquele tempo, como o lateral esquerdo Zé Roberto ("O Flamengo finge que me paga, eu finjo que jogo"), Marques, Valber, Amoroso, Djair, Rodrigo Fabbri e muitos outros, nunca entenderam o que era jogar no Flamengo. Nem poderiam, porque a camisa não chegava a lhes colar no corpo. Em suas passagens a jato pela Gávea, não tinham tempo para se instruírem sobre alguns dos personagens eternos do clube.

Ninguém lhes falou de Paulo Buarque de Macedo, o Paulinho, um dos infantis do Fluminense que foram levados por Alberto Borgerth em 1911 para fundar o futebol do Flamengo. Logo na segunda partida entre os dois clubes, em 1912 (partida com sabor de revanche, porque, como se sabe, o Fluminense ganhara a primeira), Paulinho foi chamado às pressas para entrar no time principal do Flamengo. Entrou, não tremeu ao se ver ao lado de cobras como Píndaro, Nery e Galo, e foi decisivo na goleada rubro-negra por 4 a 0. Detalhe: naquela tarde de 27 de outubro de 1912, Paulinho tinha quatorze anos — até hoje, o jogador mais jovem a participar de um Fla-Flu oficial.

Ninguém lhes falou de Moderato, que, em 1927, na final contra o Vasco, jogou com uma cinta para proteger os pontos de uma cirurgia de apêndice supurado. Nem de Valido, na final contra o mesmo Vasco, em 1944, com 39 graus de febre ao dar a cabeçada da vitória, aos 41 do segundo tempo. Nem de Zizinho, que, sem saber, mas com dor quase insuportável, jogou duas partidas com a perna quebrada, em 1946. Ou do

PEIXE FLAMENGO

Romário deixou o clube com muitos gols — alguns, inesquecíveis — e poucos títulos. Mas a torcida o adotou como um dos seus. E Romário, diz-se, também fez seu coração vestir rubro-negro

lateral tricampeão de 1953–4–5, Tomires, chamado de "Cangaceiro" pelos adversários, mas que, em campo, teve a clavícula quebrada duas vezes e outras tantas, o nariz — e escondeu isso do médico e dos companheiros para não ser tirado do jogo. Ou de Rondinelli, que teve a mandíbula fraturada na final do Campeonato Brasileiro de 1980, contra o Atlético Mineiro, em Belo Horizonte, e queria voltar a campo de qualquer jeito. Rondinelli, por sinal, é o único zagueiro que se conhece que entrava de cabeça em bolas divididas — sua cabeça contra o pé adversário. Sem falar em Zico, que, em 1986, esperou o Fla-Flu acabar para sair do Maracanã direto para uma sala de cirurgia — cirurgia essa que o deixaria um ano fora do gramado.

ARTILHEIRO ISOLADO

Quatro homens para marcá-lo e, mesmo assim, Romário encontra o caminho do gol. Em boa parte dos anos 90, os piores adversários do Flamengo estavam fora de campo e dentro de casa

Quantos daqueles jogadores que fizeram do Flamengo apenas uma escala para contratos na Europa terão imaginado o que representavam para a torcida? Algum deles terá sabido da história de seu Avelino, pai da cantora Elza Soares, que morreu ao pé do rádio ao ouvir a decisão entre Flamengo x Vasco no campeonato de 1958 (o famoso supersuper), em que o empate de 1 a 1 tirava o título do Flamengo? Ou da morte do pai do ponteiro corintiano Aladim, fulminado por um enfarte ao ouvir que seu filho fizera de falta o gol que alijava o Flamengo da disputa do título da Taça de Prata de 1970? São muitos os casos de torcedores que morreram pelo Flamengo — e fico a imaginá-los, incorpóreos, pairando sobre o estádio durante uma partida, assistindo benignamente à atuação do time e esperando não terem morrido em vão.

A única e brilhante exceção naqueles anos (mais negros que rubro-negros) foi Romário. Nascido numa família ligada ao América, surgido no Olaria e revelado no Vasco (que o tinha como parte de seu totem), Romário chegou ao Flamengo em 1995. Estava com 29 anos, mas vinha de temporadas formidáveis no futebol holandês e espanhol e, em parceria com Bebeto, dera ao Brasil a Copa do Mundo de 1994. Era um jogador do mundo, acima de camisas — mas imaginá-lo em campo com a camisa rubro-negra parecia tão absurdo quanto conceber Zico com a do Vasco. Seu próprio pai, seu Edelvair, ao saber por um repórter para onde estava indo o filho, rolou pelo chão do botequim, simulando um ataque: "Romário no Flamengo??? NÃO!!! NÃO!!!" (os torcedores do América nunca perdoaram o Flamengo por aqueles 4 a 1 de 1955).

Já os do Flamengo receberam Romário com esperança, mas pagando para ver. E Romário lhes deu gols no valor do preço do ingresso: 204, em suas duas passagens pelo clube (1995–6 e 1998–9). Tornou-se o quarto maior artilheiro do Flamengo, atrás de Zico, Dida e Henrique, mas superando Pirillo (201), Jarbas (150), Bebeto (150), Zizinho (145), Leônidas (142) e Índio (136). É verdade que, com Romário, o Flamengo conquistou poucos títulos: uma taça Guanabara (a de 1996, sobre o Vasco, com gol dele), dois campeonatos cariocas (1996 e 99) e a copa Mercosul (1999), nem sempre com sua participação nas decisões. Mas a maior parte da torcida passou a vê-lo como um jogador "do Flamengo". E ele, com sua inteligência, também percebeu que ali estava, ao seu alcance, o único patrimônio que lhe faltava — talvez maior que suas propriedades, seus investimentos e seus carros: o amor de milhões.

Não significava que Romário fosse uma unanimidade com a torcida. Parte dela continuava insubmissa ao seu charme (pelos motivos de sempre: ficar parado na área, ser "frio", não "participar" do jogo), embora essas restrições se dissipassem no momento seguinte a cada gol. Mas quem tem uma simples parcela da torcida rubro-negra a seu favor pode contar com um eleitorado esmagador — e a maioria estava com Romário. Por isso, quando o novo presidente do Flamengo, Edmundo Santos Silva, numa atitude provinciana, demitiu-o em fins de 1999 (oficialmente, por uma noite de farra com a rainha da Festa da Uva, em Caxias do Sul, RS), houve um sentimento coletivo de orfandade. Para completar, Romário voltou para o Vasco, onde desandou a fazer gols e a ganhar títulos.

O curioso é que, nessa sua segunda fase vascaína, poucas vezes Romário entrou em campo contra o Flamengo. E era nítido o constrangimento com que mal comemorava os gols contra o clube que, muitos garantem, passou a ser o do seu coração.

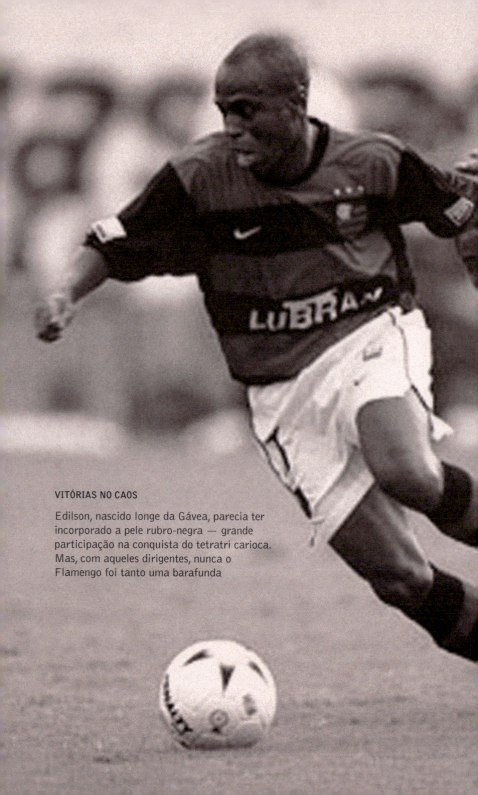

VITÓRIAS NO CAOS

Edilson, nascido longe da Gávea, parecia ter incorporado a pele rubro-negra — grande participação na conquista do tetratri carioca. Mas, com aqueles dirigentes, nunca o Flamengo foi tanto uma barafunda

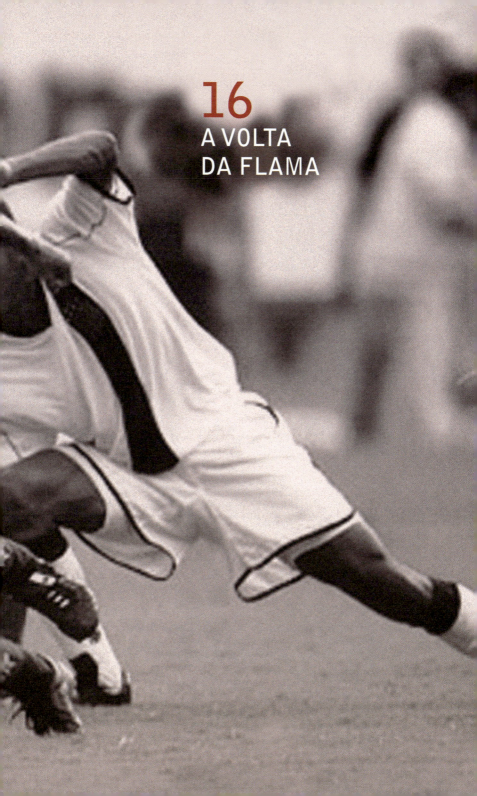

16
A VOLTA DA FLAMA

Mais curiosamente ainda, sem Romário e com as finanças destruídas por acordos, contratos e patrocínios dúbios, atrasando salários e dando calotes, é que o Flamengo voltou a vencer. Uma novíssima geração, saída dos juniores e juvenis e promovida ao time de cima na passagem do século, provou mais uma vez que a alma do Flamengo vive em seus garotos — à revelia dos dirigentes, que só servem para desestabilizá-lo ou fali-lo. Entre 2000–1, garotos como o goleiro Julio Cesar, os zagueiros Juan e Fernando, os laterais Alessandro e Cássio, o meio-campista Rocha e os atacantes Reinaldo e Adriano passaram a formar o novo time, escorados por dois jogadores experientes, Leandro Ávila e Beto, e deixando os holofotes para as três novas estrelas: o paraguaio Gamarra, o baiano Edilson e o sérvio Petkovic. Era a fórmula que sempre deu certo no Flamengo — nos tris, nos Campeonatos Brasileiros e, principalmente, na era Zico.

Por que, historicamente, o Flamengo sempre revelou tantos meninos infernais? É que, ali, desde a escolinha, eles treinaram e conviveram com antigos ídolos rubro-negros que, depois de aposentar as chuteiras, continuaram trabalhando no clube ou, um dia, voltaram a ele. Homens como Galo (campeão de 1914–5), Flávio Costa (campeão de 1927, depois treinador e uma lenda de décadas no Flamengo), Newton Canegal, Bria, Jaime de Almeida e Zizinho (campeões de 1942–3–4), Joel, Dida, Henrique, Evaristo, Zagallo e Walter Miraglia (campeões de 1953–4–5), Joubert (campeão de 1963 e primeiro treinador de Zico), Carlinhos (campeão de 1963 e 65 e, como treinador, vitorioso em toda a linha no clube), Carpeggiani (campeão brasileiro de 1980 como jogador e recordista de títulos no Flamengo como treinador), Junior (multicampeão como jogador e um símbolo do clube) e muitos mais.

A presença deles na Gávea era a presença da História. Dava, por exemplo, a um menino que estivesse se revelando nos juvenis a consciência de que, antes dele, já se jogou grande futebol no Flamengo — mesmo que esse grande jogador seja agora aquele senhor alquebrado que ele vê no clube, jogando buraco com outros idosos. Mas as fotos nas paredes estão lá para provar: entre os Flamengos de outros tempos, com seus calções fora de moda e camisas de cadarços, vê-se aquele velho quando jovem — de faixa de campeão no peito. No Flamengo, os garotos deveriam sentir-se, desde cedo, responsáveis pelo passado. Há uma tradição a ser continuada.

Por isso, entre tantos títulos, nenhum mais Flamengo até então que o tri carioca de 1999–2000–1, o quarto de sua história. Um tri que atravessou o milênio e foi ganho, ano após ano, sempre em cima do Vasco, que os entendidos viam como um time muito superior.

A odisseia começou com o golaço de falta do ex-junior Rodrigo Mendes, no 1 a 0 da final de 1999. Prosseguiu nas finais do campeonato de 2000, com duas vitórias seguidas, por 3 a 0 e 2 a 1 (esta última, no aniversário de cinquenta anos do Maracanã). E completou-se com a vitória por 3 a 1 na final de 2001, com o Flamengo precisando vencer o Vasco por dois gols de diferença e Petkovic marcando, cobrando falta, o gol impossível, o terceiro, quase do meio do campo, aos 41 do segundo tempo. Ao ver a bola na rede, Petkovic correu para a lateral do gramado, abriu os braços para a torcida e caiu duro para trás, "desmaiando". Nas arquibancadas, ao pé da tevê e do rádio, no Brasil inteiro, outros 36 milhões de pessoas desmaiavam de verdade.

O gol de Petkovic revivia o de Valido, em 1944, e o de Rondinelli, em 1978. Todos saíram no finzinho do jogo, todos fizeram o Flamengo campeão, todos fizeram o Vasco vice. Mas é injusta a implicância rubro-negra com os sucessivos vices do Vasco — porque o Vasco não é o maior vice do futebol carioca. O Flamengo, além de ter o maior número de títulos de campeão — 32 — desde que começou a jogar, é o que tem o maior número de vices: 30. O Vasco, muito menos campeão carioca que o Flamengo, foi vice 24 vezes, o que lhe garante apenas o título de vice-vice. Vale destacar aqui que, em seus primeiros 99 anos de disputa do Campeonato Carioca, o Flamengo chegou 62 vezes entre os dois primeiros colocados. Isso, em si, também é uma glória.

No dia e hora da decisão daquele campeonato, 27 de maio de 2001, cinco da tarde, eu estava em Jacarepaguá, a 1 milhão de quilômetros do Maracanã, participando da Bienal do Livro, no Riocentro. A Bienal não se limita a estandes ou quiosques para vender livros. É um evento literário sério, marcado por debates e palestras envolvendo escritores nacionais e estrangeiros, gente sisuda que ali está para discutir os destinos da literatura, do homem e do mundo. Mas, esquecendo por noventa minutos a sisudez das discussões, saí de fininho de uma sala de conferências e fui juntar-me a um grupo de torcedores concentrados em torno de uma televisão ligada (a única em todo o Riocentro!) num dos estandes.

Éramos cerca de cinquenta ou sessenta diante do aparelho. Edilson fez Flamengo 1 a 0, Juninho Paulista empatou para o Vasco e, já no segundo tempo, de novo Edilson fez 2 a 1. Os gols foram comemorados discretamente — afinal, não estávamos num botequim. Mesmo assim, os responsáveis pelo estande, temendo alguma balbúrdia, cometeram a suprema ignomínia: desligaram a televisão. Houve protestos, mas eles não voltaram atrás. E, então, aconteceu algo inédito: ninguém se mexeu do lugar. Continuamos agrupados, mas agora em torno do único torcedor ali que tinha um radinho de pilha. E lá ficamos, ouvindo os ecos da transmissão de José Carlos Araújo, o "Garotinho", pela Rádio Globo.

Àquela altura, já éramos quase cem, com o rapaz do radinho bem no meio do bolo, repetindo os lances narrados pelo "Garotinho". As informações vinham em ondas e custavam a chegar às camadas mais distantes do grupo: "Edilson perdeu

PAREDÕES

Julio Cesar [acima] foi o maior goleiro da história do Flamengo — ninguém evitou mais derrotas num período tão ingrato. E a dupla de zagueiros, Juan [nº 3] e Gamarra, esbanjava classe e eficiência sem um pontapé

É O PET, É O PET, É O PET

Helton, goleiro do Vasco, voa no canto certo, mas não impede o gol de falta de Petkovic, aos 41 do segundo tempo. Era o tetratri. Pet corre para a lateral e "desmaia" diante da torcida, conquistando-a para sempre

gol feito!" ou "Julio Cesar fez grande defesa!" ou "Quase o Vasco empata!".

"Quanto tempo falta?", perguntou alguém. A resposta, lá do meio, foi sendo repetida de boca em boca: "Quatro minutos". Com 2 a 1 para o Flamengo, o Vasco ainda era o campeão. E, então, Petkovic foi cobrar uma falta a 35 metros do gol de Helton.

Quando a bola morreu no ângulo, o grito de gol, dado por "Garotinho" ("Entrooouuu...") e pelo menino do rádio atingiu o grupo de uma só vez e se multiplicou por cem. E, pelos quatro minutos seguintes, mais os quatro de descontos dados pelo juiz, não se ouviu mais nada. Até que o dono do rádio, ecoando o "Garotinho", gritou: "Acabou!". Um uivo coletivo percorreu todo o Riocentro — e a Bienal assistiu a uma cena que não estava na sua programação.

Os cem torcedores, já engrossados por outras centenas de aderentes, saíram aos berros pelos corredores do Riocentro, correndo entre os estandes como se eles não existissem. Os escritores ingleses, alemães, americanos, que ali estavam para autografar seus livros e falar de literatura, não entendiam nada. Era a passeata do tetratri, no mais improvável dos cenários. E, magicamente, viram-se, de repente, inúmeras pessoas já com a camisa do Flamengo no meio da correria. Homens que, pouco antes, estavam em sóbrios trajes civis, mais adequados a um ambiente intelectual. Como se explicava? Fácil: tinham ido com a camisa do Flamengo sob a camisa social ou, então, corrido a um dos banheiros para trocar de roupa com a velocidade do Super-Homem.

Como eu.

Como se explica também que, um mês depois daquele tri, com os salários ainda atrasados — quase que pagando para jogar —, aqueles mesmos jogadores se superassem e fossem conquistar a Copa dos Campeões, com outro gol de Petkovic, igualzinho ao contra o Vasco, só que agora contra o São Paulo? E que, na euforia da vitória, um de seus jogadores mais caros, o veterano e internacional zagueiro paraguaio Gamarra, sugerisse ao clube que reduzisse seu salário, para que ele pudesse continuar no Flamengo? Ou que, diante da ameaça de ter de vender suas jovens revelações para pagar dívidas, nenhum daqueles garotos quisesse sair do Flamengo? Dois deles, diz-se, foram embora chorando: Reinaldo e o futuro "Imperador" Adriano (além de uma grande quantia em dinheiro!), trocados, incrível e respectivamente, com o Paris Saint-Germain e o Internazionale de Milão pelo enganador Vampeta, que mal chegou a jogar e logo voltou para o oblívio.

Era o Flamengo sobrevivendo à incompetência e/ou má-fé de tantos de seus dirigentes, culminando com a administração de Edmundo Santos Silva (1999–2001), cujos descalabros — parceria com a empresa de marketing esportivo ISL, que viria a falir, e acusações de apropriação de dinheiro do clube, evasão de divisas, sonegação fiscal, calote na praça etc. — levariam à sua deposição da presidência em 2002 e quase embaçariam os títulos conquistados no período.

Pelo anos seguintes, o Flamengo andou alternando grandes conquistas com uma nova série de vexames, em nada inferior à da era Kleber Leite. Apenas para manter a tradição, por exemplo, o Flamengo foi novamente campeão carioca em cima do Vasco, em 2004, numa partida em que o centroavante Jean, até então notável pela tibieza e falta de pontaria de seus chutes a gol, marcou os três tentos do jogo decisivo, que terminou em 3 a 1 para o Flamengo. Jean nunca mais repetiria a performance — e muito menos no Vasco, que o contrataria alguns anos depois, seguindo a longa tradição vascaína de fascínio por ex--jogadores rubro-negros. (Outros ex-flamengos que o Vasco contratou incluem Rubens ["dr. Rúbis"], Zanata, Rondinelli, Andrade, Tita, Bebeto, Gilberto, Junior Baiano e Petkovic. Mas quase todos, cedo ou tarde, voltariam ao Flamengo, sem perda de sua identidade rubro-negra.) Uma conquista como essa, sobre seu mais carnívoro adversário, teria de conviver com resultados pífios, como a derrota, dois meses depois, para o minúsculo Santo André, na final da Copa do Brasil — 2 a 0 impostos aos 70 mil confiantes torcedores rubro-negros, que tinham ido ao Maracanã apenas para celebrar uma vitória já líquida e certa. Ou com campanhas fraquíssimas no Campeonato Brasileiro, com o Flamengo se vendo constantemente ameaçado de rebaixamento e só se salvando por um triz, quase sempre por uma providencial troca de técnico.

Na primeira vez, em 2005, Joel Santana assumiu o time faltando apenas nove jogos. Venceu seis, empatou três e evitou o pior, numa arrancada milagrosa, bem flamenga. Na sequência, Joel foi à vida, treinar um clube no Japão, mas o Flamengo o trouxe de volta, em 2007, para novamente livrar o clube da queda. A diferença é que, dessa vez, faltando 26 rodadas, Joel não apenas tirou o Flamengo das últimas posições, como o levou a um brilhante terceiro lugar na classificação final — resultado que pôs o clube na Libertadores da América. E lá fomos nós, garbosos e pimpões, pelos gramados da Sul-América afora, até o jogo contra o inexpressivo América do México, no Maracanã. Mais uma vez, o excesso de confiança, aliado a um atacante adversário chamado Cabañas, dissolveu o sonho, com o América aplicando um contundente 3 a 0, para delírio dos não flamengos. Poucas humilhações foram piores, no entanto, do que a do jogo contra a Portuguesa de Desportos pelo Campeonato Brasileiro de 2008 — um jogo que o Flamengo precisava vencer e tinha tudo para isso. O clube deu um desconto nos ingressos e ainda prometeu devolver o dinheiro caso não vencesse. Pois não é que perdeu por 3 a 2? A diretoria, pelo menos, cumpriu a promessa. Grande consolo.

Nos últimos anos, felizmente, as minorias têm sido obrigadas à amarga tarefa de conviver com triunfos rubro-negros. A conquista da Copa do Brasil de 2006, com duas vitórias na final contra o Vasco, ajudou a aliviar o trauma de duas decisões perdidas nessa competição (contra o Cruzeiro, em 2003, e contra o dito Santo André, um ano depois). E a trinca de conquistas do Campeonato Carioca, em 2007–8–9, todas em cima do Botafogo — nosso novo vice, desbancando o querido Vasco —, permitiu ao Flamengo superar o Fluminense no número de títulos regionais (31 a 30), assegurar o quinto tri de sua história (o pentatri) e tornar-se, sem mais dúvida (ainda havia?), o rei dos clubes do Rio.

Não que, nesses últimos anos, não tenham ocorrido graves contratempos extracampo — e de grandes dimensões porque o protagonista era do Flamengo ou se identificava com ele.

O primeiro foi o vexame de Ronaldo Fenômeno, que, na noite de 28 de abril de 2008, saiu para comemorar a conquista do Campeonato Carioca pelo Flamengo sobre o Botafogo. Vestido com a camisa 2 do clube, ele se envolveu na boate 021, na Barra, com o travesti André Luís Albertini, conhecido como Andreia, com quem foi para um motel nas proximidades. Lá, o travesti chamou dois colegas. Horas depois, houve um desentendimento entre Ronaldo e eles, e a história foi parar na 16ª Delegacia — já então na presença de imprensa, cinegrafistas, penetras e passantes. As imagens de Ronaldo abatido, embriagado e envolvido com travestis, usando o uniforme do Flamengo, correram o Brasil e o mundo. Foi uma grande vergonha para o clube, embora ele não tivesse nada com aquilo, e para o jogador.

Mas o Flamengo fez o seu papel. Na época, Ronaldo estava se tratando no Rio de uma grave lesão no joelho, sofrida meses antes num jogo entre seu ex-clube, o Milan, e o Livorno, pelo Campeonato Italiano. Os encarregados de sua recuperação, a pedido dele, eram os médicos do Flamengo, comandados pelo dr. José Luiz Runco, e era na Gávea que Ronaldo fazia os exercícios. Por suas repetidas declarações de amor ao clube, o

Flamengo achou de sua obrigação protegê-lo no caso dos travestis, mesmo sob o risco de sua marca se expor à chacota da homofobia que reina entre os torcedores brasileiros. Supunha-se, com naturalidade, que, ao fim de sua recuperação e voltando a jogar — "quando fosse a hora", ele sempre dizia —, Ronaldo encerraria sua carreira no Flamengo. Mas não foi o que aconteceu. Sete meses depois, de surpresa, Ronaldo assinou com o Corinthians, então na 2ª divisão do futebol brasileiro, e se mudou para São Paulo. A justificativa de que o Flamengo nunca lhe fizera uma proposta era cínica. Com o que lhe sobrava de peso e restava de futebol e pernas, trouxe o Corinthians de volta à elite e o ajudou a conquistar uma Copa do Brasil. Com isso, o time paulista teve acesso à Libertadores de 2010, da qual foi eliminado, ironicamente, pelo Flamengo, e com Ronaldo em campo. Os rubro-negros se sentiram quites, perdoaram o Fenômeno e vida que segue. Andreia, o travesti, morreu em julho de 2009, em Mauá, na Grande São Paulo.

Muito mais grave foi o escândalo que se abateu em junho de 2010 sobre o goleiro Bruno, um dos heróis do hexacampeonato. Ele foi preso, acusado do desaparecimento e assassinato em Minas Gerais de sua namorada Eliza Samudio, com a cumplicidade de vários amigos. E, mais uma vez, o Flamengo se viu involuntariamente envolvido num episódio policial, embora, neste caso — diante da arrogância inicial do jogador contra todos os indícios que o inculpavam —, o clube tenha tomado a atitude de desligá-lo e de se distanciar do assunto.

A história de Bruno é, por enquanto, a mais triste de todas. Mas alguém acredita que, se ele fosse goleiro do (com todo o respeito) Arapiraca, e não do Flamengo, o caso Eliza teria chegado às primeiras páginas e passaria mais que um dia no noticiário nacional? Até por isso, e independentemente de suas contas com a Justiça, Bruno não pode ser apagado da história do Flamengo.

O goleiro, grande defensor de pênaltis, além do artilheiro Adriano, repatriado da Itália e de volta à forma, e o redivivo (com 36 anos) Petkovic, todos comandados pelo treinador (e ex-craque) Andrade, levaram o Flamengo à incrível arrancada final que, poucos meses antes, culminara com a conquista do Campeonato Brasileiro de 2009 — o hexa do Flamengo, embora a política mesquinha da cartolagem adversária continuasse negando a legitimidade do título rubro-negro de 1987, o do tetra.

Contra o rancor desses cartolas, no entanto, basta lembrar o que aconteceu no encerramento do jogo final contra o Grêmio em 2009, no Maracanã, vencido pelo Flamengo por 2 a 1. Pela primeira vez em muitos anos, o Brasil inteiro — vide as passeatas e festas em todos os Estados da federação — comemorou a conquista de um título nacional por um clube. Esta é a legitimidade do Flamengo.

Que força é esta que, de Amarante — o primeiro flamengo a chutar uma bola, ao dar a saída no jogo Flamengo x Mangueira, às dezesseis horas do dia 4 de maio de 1912 — a Ronaldinho Gaúcho, cem anos depois, já influiu na vida de tantos milhões de brasileiros e, hoje, movimenta mais corações apaixonados do que nunca em sua história?

É uma história sem fim a desse clube — como a das sagas napoleônicas, que pareciam tirar das derrotas as vitórias que as eternizariam. E, como tal, só poderiam ser contadas, talvez, por um Stendhal. Seu romance, *O vermelho e o negro* (1830), por sinal, tem como herói o ambicioso Julien Sorel, cujo dilema, entre uma carreira no Exército (o vermelho) ou na Igreja (o negro), leva-o a perder seus amores, a cabeça e a vida.

Fosse Stendhal brasileiro e nosso contemporâneo, saberia que essa combinação de cores, longe de significar uma contradição, encontraria sua perfeita resolução no Flamengo — um exército a serviço de uma fé.

PAI DO HEXA

Se houve um autor intelectual do hexa brasileiro em 2009, só pode ter sido Petkovic. Com seus gols olímpicos, dribles e lançamentos, ele comandou em campo o time dirigido por Andrade

O IMPERADOR VOLTOU...

...Para ser o matador que o Flamengo precisava em 2009. Mas seu futebol estacionou ali, intoxicado por substâncias já fora do seu controle e que dirigentes ingênuos nunca quiseram tratar como doença

BIBLIOGRAFIA

ABINADER, Marcelo. *Uma viagem a 1912: Surge o futebol do Flamengo*. Rio de Janeiro: Clube de Autores, 2009.
ALBUQUERQUE, Almir. *Eu e o futebol*. Org. de Fausto Neto. São Paulo: Biblioteca Esportiva Placar, s/d.
ALENCAR, Edigar de. *Flamengo, força e alegria do povo*. Rio de Janeiro: Conquista, 1970.
ALVES, Ivan. *Uma nação chamada Flamengo*. Rio de Janeiro: Europa, 1989.
AMBROSIO FILHO, Paschoal. *Pentratri — A história dos cinco tricampeonatos cariocas do Flamengo*. Rio de Janeiro: Maquinaria, 2009.
AQUINO, Wilson e CRUZ, Claudio. *Acima de tudo rubro-negro — O álbum de Jayme de Carvalho*. Rio de Janeiro: edição particular, 2007.
ASSAF, Roberto. *Almanaque do Flamengo*. São Paulo: Abril, 2001.
_____. *Flamengo x Vasco — O clássico dos milhões*. Rio de Janeiro: Relume Dumará, 1999.
_____. *Zico: 50 anos de futebol*. Rio de Janeiro: Record, 2003.
_____ e GARCIA, Roger. *Grandes jogos do Flamengo — Da fundação ao hexa*. Rio de Janeiro: Panini Books, 2009.
_____ e MARTINS, Clovis. *Fla x Flu — O jogo do século*. Rio de Janeiro: Letras e Expressões, 1999.
CARVALHO, Joaquim Vaz de (org.). *Flamengo — Uma emoção inesquecível*. Rio de Janeiro: Relume Dumará, 1995.
CARVALHO, Ruy (org.). *Flamengo: 85 anos de glórias*. Rio de Janeiro: Lidador, 1980.
CASTRO, Ruy. *Estrela solitária — Um brasileiro chamado Garrincha*. São Paulo: Companhia das Letras, 1995.
COUTINHO, Edilberto. *Nação rubro-negra*. Rio de Janeiro: Clube de Regatas do Flamengo, 1990.
_____. *Zélins, Flamengo até morrer!* Rio de Janeiro: José Olympio, 1995.

CUNHA, Loris Baena. *Flamengo, tua vida e tuas glórias*. Rio de Janeiro: Maanaim, 2002.
HENFIL. *Urubu e o Flamengo*. São Paulo: Editora 34, 1996.
JESUS, Mauricio Neves de (com Arthur Muhlenberg e Lucas Dantas). *1981 — O primeiro ano do resto de nossas vidas*. Rio de Janeiro: Livros de Futebol, 2011.
LEMOS, Carlos (org.). *Flamengo — Um século de paixão*. Rio de Janeiro: Francisco Alves/ BR Comunicação, 1995.
LISBOA, Luiz Carlos (org.). *Flamengo*. Rio de Janeiro: Rio, 1981, v. 1. (Coleção História do Futebol Brasileiro).
MARIO FILHO. *Histórias do Flamengo*. 3ª ed. Rio de Janeiro: Record, 1966.
_____. *O negro no futebol brasileiro*. 2ª ed. Rio de Janeiro: Civilização Brasileira, 1964.
_____. *O sapo de Arubinha*. Org. de Ruy Castro. São Paulo: Companhia das Letras, 1994.
MÁXIMO, João e CASTRO, Marcos de. *Gigantes do futebol brasileiro*. Rio de Janeiro: Lidador, 1965 [Rio de Janeiro: Civilização Brasileira, 2011].
MONSANTO, Eduardo. *1981 — O ano rubro-negro*. São Paulo: Panda Books, 2011.
MUHLENBERG, Arthur. *Hexa-gerado: o título mais esperado dos últimos 17 anos*. Rio de Janeiro: 7 Letras, 2009.
_____. *Manual do rubro-negrismo racional*. Rio de Janeiro: 7 Letras, 2009.
NUNES, Marcos Vinicius Bucar. *Zico, uma lição de vida*. Brasília: Offset, 1985.
PAES, Adelino Joaquim. *Rolo compressor*. Rio de Janeiro: Pongetti, 1957.
_____. *Um rubro-negro pelo mundo*. Rio de Janeiro: Pongetti, 1956.
PEREIRA, Marcel. *A nação — Como e por que o Flamengo se tornou o clube com a maior torcida do Brasil*. Rio de Janeiro: Maquinaria, 2010.
PIMENTEL, Luís. *Flamengo desde menino*. Rio de Janeiro: Mauad, 2009.
REGO, José Lins do. *Flamengo é puro amor*. Org. de Marcos de Castro. Rio de Janeiro: José Olympio, 2002.
RITO, Lucia. *Zico*. Rio de Janeiro: Relume Dumará, 2000. (Coleção Perfis do Rio).
ROCHA, André e BETING, Mauro. *1981 — Como um craque idolatrado, um time fantástico e uma torcida inigualável fizeram o Flamengo ganhar tantos títulos e conquistar o mundo em um só ano*. Rio de Janeiro: Maquinaria, 2011.
RODRIGUES, Nelson. *À sombra das chuteiras imortais*. Org. de Ruy Castro. São Paulo: Companhia das Letras, 1993.
_____ e MARIO FILHO. *Fla-Flu... e as multidões despertaram*. Org. de Renato Ferreira e Oscar Maron Filho. Rio de Janeiro: Europa, 1987.

SANDER, Roberto. *Os dez mais do Flamengo.* Rio de Janeiro: Maquinaria/ Sportv, 2008.
SANTOS, Luis Eduardo Wetzel B. dos (org.). *Ser Flamengo.* Rio de Janeiro: Folha Seca, 2006.
UNZELTTI, Celso. *Flamengo — Rei do Rio.* São Paulo: Globo, 2009.
VAZ, Arturo e CELSO JUNIOR. *Acima de tudo rubro-negro.* Rio de Janeiro: Paju, 2008.
_____. *Goleiros rubro-negros — Heróis esquecidos de uma nação.* Rio de Janeiro: Paju, 2008.
_____. *Os maiores jogos do C. R. Flamengo.* Rio de Janeiro: Paju, 2008.
ZICO [Arthur Antunes Coimbra]. *Zico conta sua história.* São Paulo: FTD, 1996.
ZIZINHO. *O mestre Ziza.* Rio de Janeiro: Edições Maracanã (Secretaria de Estado de Esportes e Lazer), 1985.
_____. *Mestre Ziza — Verdades e mentiras no futebol.* Rio de Janeiro: Imprensa Oficial do Rio de Janeiro, 2001.

Coleções de *Correio da Manhã, Jornal do Brasil, O Globo, Jornal dos Sports, Sport Ilustrado, Vida do Crack, Folha Seca, Manchete Esportiva, Revista do Esporte, Placar, Lance!, Folha de S.Paulo* e *O Estado de S. Paulo.*

VIDEOGRAFIA

Conte comigo, Mengão — Carioca 2007, de Pedro Asbeg e Raphael Vieira. Flafilmes, 2008.
O deus da raça [Rondinelli], de Felipe Nascimento e Pedro Asbeg. Raça Filmes/TV Zero, 2003.
É campeão — Copa do Brasil 2006, de Raphael Vieira. Fla Filmes, 2008.
Flamengo hexacampeão — Brasileiro 2009, de Afonso Garschagen. Globo Esporte, 2010.
Heróis de uma nação — O maior time rubro-negro de todos os tempos, de Raphael Vieira e Gabriel Mendes. Neo, 2007.
Penta-tri — A hegemonia, de Raphael Vieira e Gabriel Mendes. Fla Filmes, 2009.
Vamos, Flamengo — Carioca 2008, de Raphael Vieira. Flafilmes, 2008.
Zico — O filme da vida do ídolo da maior torcida do planeta, de Elizeu Ewald. Som Livre, 2003.
Zico na rede, de Paulo Roscio. Neo, 2008.

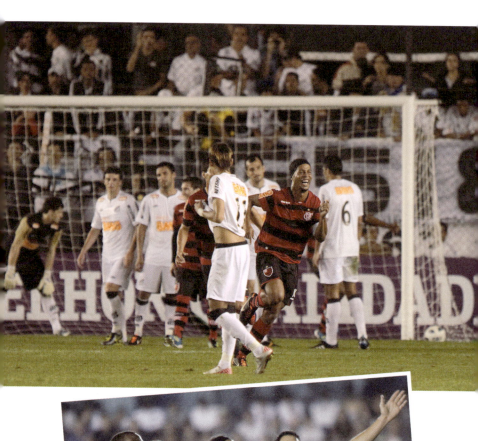

JOGO PARA AS ANTOLOGIAS

Ronaldinho Gaúcho cobra a falta no salto da barreira e faz um grande gol num jogo cheio de alternativas e lances para a História: Flamengo 5 x 4 Santos, na Vila Belmiro, em 2010

SITES E BLOGS

www.amofla.com.br
www.blogdaflamengonet.blogger.com.br
www.eusouflamengo.com
www.flabahia.com.br
www.flabh.com.br
www.flabrusque.blogspot.com
www.flabrusque.com.br
www.flachiclete.com
www.flaestatistica.com
www.flafilmes.com.br
www.flajequié.com.br
www.flajoinville.com.br
www.flamanaus.com.br
www.flamanguaca.com.br
www.flamengo.com.br
www.flamengo.com.br/flapedia/dragoes
www.flamengo.com.br/portal/index/php//ninho
www.flamengodvd.blogspot.com [850 jogos do Flamengo em DVD, gravados na íntegra]
www.flamengoeternamente.blogspot.com
www.flamengol.com
www.flamengorj.com.br
www.flamengosc.gigafoto.com.br
www.flamuseu.blogspot.com
www.flanarede.blogspot.com
www.flanavega.com.br
www.flaparana.com.sitc
www.flapassos.com
www.flarecife.com.br
www.flaroots.com.br
www.flasampa.com.br
www.fla-santos.com.br
www.flato.com.br
www.flavale.com.br
www.flavalença.com.br
www.fotolog.com/sou_flamengo
www.historiadetorcedor.com.br
www.jacofla.com.br

www.magiarubronegra.com.br
www.maiortorcidadomundo.kit.net
www.maisfla.com
www.mantosagrado.kit.net
www.mengo81.rg3.net
www.paixaofla.com
www.paixaorubronegra.com.br
www.racarubronegra.com.br
www.sempreflamengo.com.br
www.sitedojunior.com.br
www.torcidajovemdoflamengo.com.br
www.urubuguerreiro.com.br
www.urubuzada.com.br
www.ziconarede.com.br
http://anacaorubronegra.blogspot.com/2008/03/novo-site-oficial-do-
-flamengo.html
http://blogaodoflamengo.wordpress.com/
http://butecodoflamengo.blogspot.com/
http://campeonatocarioca.kit.net/
http://charangadoflamengo.com.br/
http://flamengo.fabricioboppre.net/
http://flamengoeternamente.blogspot.com
http://flashownet.comze.com/cariboost1/
http://flashownet.blogspot.com/
http://flatv.blogspot.com
http://magiarubronegra.wordpress.com/2008/05/coração-rubro-ne-
gro-por-masao-goto-filho/
http://mengao.net/
http://mengomeudengo.blogspot.com
http://ninhodanacao.blogspot.com/
http://planeta-flamengo.blogspot.com/
http://sobreflamengo.blogspot.com/
http://anacaorubronegra.blogspot.com/2008/03/novo-site-oficial-do-
-flamengo.html

CRÉDITOS DAS IMAGENS

Todos os esforços foram feitos para determinar a origem das imagens deste livro. Nem sempre isso foi possível. Teremos prazer em creditar as fontes, caso se manifestem.

pp. 2-3: © Ricardo Czoury/ Tyba
pp. 4-5: © Ricardo Reis/ Tyba
p. 7: Coleção Ruy Castro/ Reprodução de Sandra Fanzeres (*Manchete Esportiva*, 19/10/1957)
pp. 8, 114 [abaixo] e 219: Coleção Ruy Castro/ Reprodução Motivo
pp. 10-1: Acervo da Biblioteca Nacional – Brasil/ Reprodução de Sandra Fanzeres (*Revista da Semana*, agosto de 1912)
p. 15: Agência JB/ Chico Ybarra
pp. 18-9: *Manchete Esportiva*, 23/11/1957/ Reprodução Motivo
pp. 22-3, 58-9: Acervo Clube de Regatas Flamengo/ Reprodução de Sandra Fanzeres
pp. 28-9: Acervo da Biblioteca Nacional – Brasil/ Reprodução de Sandra Fanzeres (*Revista da Semana*, setembro de 1901)
p. 35: Acervo da Biblioteca Nacional – Brasil/ Reprodução de Sandra Fanzeres (*O Malho*, novembro de 1912)
p. 43: Acervo da Biblioteca Nacional – Brasil/ Reprodução de Sandra Fanzeres (*Careta*, 05/06/1915)
pp. 46-7: Acervo da Biblioteca Nacional – Brasil/ Reprodução de Sandra Fanzeres (*Careta*, 25/12/1920)
p. 48: Acervo da Biblioteca Nacional – Brasil/ Reprodução de Sandra Fanzeres (*O Malho*, agosto de 1916)
pp. 50-1, 52 e 53: Acervo da Biblioteca Nacional – Brasil/ Reprodução de Sandra Fanzeres (*O Malho*, 14/07/1923)
p. 63: Acervo da Biblioteca Nacional – Brasil/ Reprodução de Sandra Fanzeres (*Careta*, 14/11/1925)

pp. 66-7, 135 [acima] e 152: Acervo do Arquivo do Estado de São Paulo/ Reprodução de Paulo Schlik

pp. 71 e 136: Coleção de Rodrigo Teixeira [acima] e *Manchete Esportiva*, 14/12/1957/ Reprodução Motivo

p. 72: Acervo da Biblioteca Nacional – Brasil/ Reprodução de Sandra Fanzeres (*Sport Illustrado*, 04/01/1940)

pp. 74-5: Acervo da Biblioteca Nacional – Brasil/ Reprodução de Sandra Fanzeres (*O Globo Sportivo*, 23/10/1942)

pp. 80-1: *Esporte Ilustrado*, 02/11/1944/ Reprodução Motivo

p. 85: Acervo da Biblioteca Nacional – Brasil/ Reprodução de Sandra Fanzeres (*Esporte Ilustrado*, 21/10/1943) [acima] e Agência O Globo (*O Globo Esportivo*, 08/10/1941) [abaixo]

pp. 94-5 e 98-9: *Jornal dos Sports*

pp. 106-7: Agência O Globo/ *O Globo Esportivo*, 04/09/1942

p. 111: *Vida do Crack*/ Reprodução Motivo

p. 114: *Álbum Rubro-Negro*, 1956/ Reprodução Motivo [acima]

p. 115: *Manchete Esportiva*, respectivas datas: 14/04/1956, 26/11/1955 e 21/04/1956/ Reprodução Motivo

pp. 126-7, 132 [abaixo], 146, pp.150-1, 154, 155, 161, 176-7: Agência O Globo/ Celso Meira

p. 131: Revista do Esporte/ Reprodução Motivo (abaixo)

p. 132: Coleção Ruy Castro/ Reprodução Sandra Fanzeres [acima e ao centro]

p. 147: Coleção Rodrigo Teixeira, *Revista do Esporte*, 06/02/1967

pp. 164-5: Abril Imagens/ Lemyr Martins

p. 170: Agência O Globo, Caderno de Esportes, 14/12/1987

p. 171: Agência JB/ Paulo Nicolela. Esportes, 20/07/1992

p. 181: Abril Imagens/ Marcelo Rezende

pp. 184-5: Abril Imagens/ Ricardo Biliel

p. 189: Abril Imagens/ Eduardo Monteiro [acima] e Abril Imagens/ Nelson Coelho [abaixo]

pp. 198-9: Folhapress/ Ricardo Nogueira

p. 200: Agência O Globo/ Fernando Maia. Esportes, 7/12/2009

p. 204: Gazeta Press/ Wander Roberto [acima] e Gazeta Press/ Fernando Dantas

pp. 222-3: Alex Larboc/ Tyba

ÍNDICE REMISSIVO

Os números de páginas em *itálico* referem-se a ilustrações.

Abel, 144
Abelha, 12
Abranches, Antonio Augusto Dunshee de, 160
Abreu, Renato, 17
Aché, *58*
Adauto, 97
Ademar Pantera, 86
Ademir, 112
Adílio, 17, 137, 144, 152, 154, 160, 163, 167-8
Adriano "Imperador", 17, 103, 186, 193, 196, *200*
Agostinho, 97
Ailton, 169, 178
Aladim, 181
Alarcon, 112
Albertini, André Luís, 195-6
Alcindo, 174
Aldair, 12, 17, 168-9, 174
Alencar, Edigar de, 13, 133
Alessandro, 186
Alex, 168
Alexandrino, almirante, *35*
Alfredinho, 17
Algodão, 113

Almeida, Jaime de *ver* Jaime
Almir, 17, 130, *132*, 133
Almirante, 90
Alves, Ataulpho, 134
Alves, Gilberto, 134
Alvim, Danilo, 112, 129
Amado, 17, 137, 152
Amarante, *38*, 40, 197
Amarildo, 103, *131*
América, 37, 41, 44, 52-5, 68, 96-7, 108, 112, 116, 121, 182, 194
"Amigo da Onça", 134
Amoroso, 179
Amparo, Ely do, 103
Anapolina, 147
Andrade, 17, 92, 144, 152-3, *154*, 167-9, 193, 197, *199*
"Andreia" *ver* Albertini, André Luís
Andrews, Lawrence, 40
Angela Maria, 134
Angelim, Ronaldo, 17
Angelu, 61-2
Anselmo, *155*, 156, 167
Antunes, seu, 57
"Aquele abraço" (Gilberto Gil), 134

Aragão, Jorge, 137
Araújo, José Carlos ("Garotinho"), 188, 192
Argemiro, 87
Argentina (seleção), 76
Arílson, 86
Arnaldo, *38*
Arsenal, 100-2
Assis, Machado de, 24
Athirson, 17, 103
Atlético de Madri, 140
Atlético Mineiro, *147*, 148, 166, 169, 180
Augusto, 25
Áustria (seleção), 120
Avelino, seu, 181
Ávila, Leandro, 86, 186
Aymoré, 30
Ayrão, Luiz, 137
Azevedo, Aluísio, 54
Azevedo, Waldir, 134

Babá, 86, 109, 112, 124, 129
Babo, Lamartine, 49, 92
Baby Consuelo, 137
Baena, *38*, 40, 42, 46
Bahia, 169
Bahia, Joaquim, 26-7
Baiano, *38*
Balança, mas não cai, 108
Baltazar, 167
Bangu, 37, *43*, 53, 68-9, 97, 104, 112, 130, *132*, 133, 169
Barbosa, 103, 112
Barcelona, 117
Baroninho, 167
Barros, Nestor de *ver* Nestor
Barroso, Ary, 76, 82-4, *85*, 86, 89-90, 134, 137
Batalha, *58*

Batataes, *88*
Batista, *22*
Batista, Dircinha, 134
Batista, Wilson, 134, 137
Bebeto, 17, 103, 134, 168-9, 182, 193
Beijoca, 12
Bellini, 112, *122*
Bello, 76
Benfica, 138
Benitez, 86, 108, 112, 117, 140
Berico, 179
Beto, 86, 186
Bigode, 112
Bigu, 12, 179
Biguá, 17, *74*, *80*, 86, *88*, 105, 128, 129
Bilac, Olavo, 33, 34
Blanco, Billy, 134, 137
Blecaute, 134
Bloch, Adolfo, 108
Boca Juniors, 130, *131*
Boca Larga, 61, 62
Bonaldi, Bruno, 13
Bonsucesso, 92
Boqueirão do Passeio, 34
Borgerth, Alberto, *22*, *38*, 40-2, 46, 179
Borjalo, 134, 145
Bosco, João, 137
Bôscoli, Heber de, 49
Bôscoli, Ronaldo, 120
Botafogo, *19*, 30, 33-4, 36-7, 41, 52-3, 55, 68, *74*, 91, 102, 112, 124-5, 128, *131*, 133, 146-7, 152, 153, *154*, 178, 195
Braga, Marcio, 145, 173
Branco, 168
Brandão, Oswaldo, 140
Brasil (seleção), 14, 16-7, 20, 77, 100-1, 112, 116-7, 120, 140-1, 169, *170*, 172

ÍNDICE REMISSIVO

Bria, Modesto, 17, *80*, 86, 105, 140, 186
Brito, Waldemar de, 17, 65
Brown, Clifford, 92
Bruno (goleiro), 196
Bueno, Galvão, *52*
Buião, 179
Bujica, 12, 179
Byron de Niterói, 96

Cacá, 124
Caetano, Pedro, 134
Caio "Cambalhota", 138, *139*, 140
Calazans, 112
Caldeira, 179
Calmon, Valdir, 134
Câmara, d. Hélder, 116
Canal 100, 14
Canário, 112
Candiota, 17, *52*, 56, *58*
Canegal, Newton, 186
Cantarelli, 86, 167
Cardoso, Elizeth, 134
Cardoso, Gilberto, 108, 113, *114*, 116-7
Carlinhos, 12, 17, 128, 129, *135*, 169, 186
Carlinhos de Jesus, 137
Carlos Alberto (Flamengo), 167-8
Carlos Alberto (Fluminense), 55
Carpeggiani, Paulo César, 17, 144, 152, 156-7, 186
Carvalho, Gustavo de, *38*, 40, 44, 82, 173
Carvalho, Jayme de, 57, *85*, 90-2
Casagrande, 168
Cássio, 186
Castilho, 112, 130
Catulo da Paixão Cearense, 36
Caulos, 134

Cazuza, 137
Cerezo, Toninho, 148
Cerullo, Roque, 156
Chamorro, 110, *119*
Charanga, 20, 57, *85*, 90-2
Chicão, 148
Clark, Walter, 145
Claudinho & Buchecha, 137
Cláudio Adão, 17, 137, 144, 148
Clóvis, 112
Clube dos 13, 168-9, 172
"cobra-coral", *38*, 45, 47
Cobreloa, *150*, 153-4, *155*, 156
Conceição, José Telles da, 113
Copolillo, Milton, 124
Corinthians, 84, 93, 102, 128, 130, 166, 168, 174-5, 196
Correio da Manhã, 110
Costa, Flávio, *71*, 73, 87, 96, 102, 108, 186
Coutinho, Cláudio, *139*, 141, 144, 148, 152, 157, 160, 163
Crítica, 62, 69
Cruz, Arlindo, 137
Cunha, Euclides da, 24
Cunha, José Agostinho Pereira da *ver* Zezé
Curi, Jorge, 109
Curiol, *38*

Dagoberto, *22*
Dario, 168
Dendê, 12, 179
Denílson, 168
Dequinha, 17, 108, 110, 113, *115*, *119*, 124, 129, 137
Dias, Nei, 167
Dida, 12, 17, 109, 112, *115*, 117, *119*, 120-1, *122*, 124, *142*, 152, 172, 182, 186

Didi, 112, 120, 124
Dino, 52, 112
Dionísio, 86
Divo, Orlan, 134
Djair, 179
Djalminha, 17, 103, 174-5
Djavan, 137
Domingos da Guia, 12, 17, 65, 71, 72, 76, 84, 104, 128
Dorado, 77
Doval, 17, 136, 138
"Dragão Negro", 82
Duarte, Antonio Muniz ver "Manteiga" (América)
Duca, 109, 112, 117, 119
Dudu Nobre, 137
Dulce Rosalina, 91
Duran, Dolores, 134
Durval, 101

Edelvair, seu, 182
Éder, 148
Edilson, 184, 186, 188
Edílson, 17
Edinho, 168, 169
Edmundo, 168, 176, 178
Edson, 112
Edu, 168
Engole-Garfo, 61-2
Ernani, 106, 112
Escurinho, 129-30
Esquerdinha, 86, 110, 111, 117
Esteves, Décio, 112
Evaristo, 17, 103, 109, 111, 112, 117, 119, 186
"Expresso da Vitória", 102

Fabbri, Rodrigo, 179
Fábio Baiano, 86
Fabio Luciano, 17, 86

Fafá de Belém, 137
Fausto, 17, 65, 70, 73
Felipe (ex-Vasco), 17
Felipe (goleiro), 17
Félix, 126, 138
Fernando, 186
Figueiredo, 152
Fio "Maravilha", 86, 126, 137, 138
"Fio Maravilha" (Jorge Ben), 137
Fiorentina, 130
Fla-Fla de Belém, 91
Fla-Flu, 44-5, 47, 63, 65, 68-70, 71, 78, 87, 88, 90, 129, 130, 172-4, 179-80
"Fla-Flu da Lagoa", 78
Flamante, 91
Flamília, 91
Flamor, 91
Flaponte, 91
Fluminense, 24, 37, 40-1, 44-6, 47, 48, 52-3, 55-6, 68, 77-8, 83, 87-8, 91, 100, 112, 129-30, 138, 139, 141, 145-8, 173, 178-9, 195
Foguete, 12, 179
Folha de S.Paulo, 13
France Football, 130
Freitas, Heleno de, 74
Friedenreich, 168

Gabriel o Pensador, 137
Galo, 17, 38, 40, 42, 46-7, 179, 186
Gama, Vasco da (navegador), 31
Gamarra, 17, 186, 189, 193
Garcia, 17, 100, 108, 110, 137, 140
Garrido, Tony, 137
Garrincha, 112, 120, 124-5, 168
Geraldo, 17, 109, 140
Germano, 137-8
Gerson, 17, 103, 129, 131
Gielgud, John, 149

Gil, Gilberto, 134
Gilberto, *38*, 103, 193
Gildo, 130
Globo Sportivo, *89*
Goes, padre, 112-3, 116-7
Gomes, Pepeu, 137
Gonzalez, 96
Grande Otelo, 134
Grêmio, 102, 163, 166-7, 197
Gringo, 86
Guanabara, 34
Guarani, 166
Guinle, família, 47

Heidegger, Martin, 109
Helal, George, 168
Hélcio, 17, *58*, 60, 137
Helton, *190*, 192
Henfil, 133-4
Henrique, 17, *19*, 86, 117, 121, 124, 182, 186
Hermes, 86
Hermínio, *58*
"Hino do Flamengo" (Babo), 49
"Hino rubro-negro" (Magalhães), 48
Horácio, Fernando, 116
Horta, Francisco, 141
Hungria (seleção), 110

Iberê, *52*
Ibson, 17, 104
Icaraí, 34
Ídolos do futebol brasileiro (álbum), 110
Independiente, *72*, 76
Índio, 17, 108, 110, 112, 117, 182
Internacional, 34, 102, 144, 166, 169
Ipiranga, 30
Irerê, 30

Isaac, *22*
Itabira, 30

Jacob do Bandolim, 134
Jadir, 108, 110
Jaime, 17, 86, 186
Jair Rosa Pinto, 17, 100-3
Japonês, *58*
Jarbas, 17, *71*, 96, 152, 182
Jards Macalé, 134
João Carlos, 112
João de Barro (Braguinha), 90
João do Rio, 36, 55
João Paulo II, papa, 13
Joãosinho Trinta, 137
Joel, 12, 17, *19*, 103, 108, 110, *111*, 112, 117, 119-20, 186, 194
Jordan, 86, 108, 110, *119*, 124
Jorge Ben, 134, 137-8, 172
Jorginho (América), 97
Jorginho (Flamengo), 17, 168, 169, 174
Jornal dos Sports, 62, 68-9, 133, 153
Joubert, 86, 186
Juan (lateral), 17
Juan (zagueiro), 17, 103, 186, *189*
Juca da Praia, 78
Julio Cesar ("Uri Geller"), 17, 144
Julio Cesar (goleiro), 12, 17, 103, 152, 186, *189*, 192
Juninho Paulista, 188
Junior, 17, 103-4, 137, *146*, 152, 167, *171*, 174, 186
Junior Baiano, 174, 193
Junqueira, 17, *52*, 56, 60
Jurandir, 17, *80*, 86
Juriti, 30

K. Veirinha, 33
Kanela, 116

Kelly, João Roberto, 134
Kierkegaard, Søren, 109
Kleberson, 17
Kruschner, Dori, 70, 73
Kubitschek, Juscelino, 116
Kuntz, 17, 60
Lan, 134
Lance!, 13
Laranjeiras, estádio das, 41, 47, *50*, 57, 90, 100
Laura, dona, 57, 91-2
Leandro, 12, 17, *139*, 144, *150*, 152, 156-7, 166, 168-9
Leão, 144
Leite, Kleber, 178, 193
Leo Jaime, 137
Leonardo, 17, 97, 103, 169, 174-5
Leônidas, 12, 17, 65, *66*, *71*, 73, 76-8, 82-4, 96, 103, 112, 137, *142*, 152, 172, 182
Lico, 86, 152, 156, 167
Light, 32, 33
Liminha, 86
Lincoln, Ed, 92
Liverpool, *161*, 162-3
Livorno, 195
Lobo, Haroldo, 134
Lopes, Augusto da Silveira *ver* Augusto
Lopes, Julio, 49
Lucci, *22*
Luiz Antonio, 134
Luiz Carlos, 124
Luizão, 17
Lusitânia, 52
Luz, Moacyr, 137

Macedo, Paulo Buarque de *ver* Paulinho (anos 10)

Madonna, 13
Madureira, 68
Magalhães, Paulo, 49
Malcher, Alberto da Gama, 125
Maldonado, 17
Mamede, *52*
Manchete Esportiva, 108-9, *115*, *119*, 120
Mangueira, 44, 197
Manguito, 86, 167
Manhã, A, 62
"Manteiga" (América), 55
"Manteiga" (Flamengo), 12
Manuel, *22*
Maracanã, 16, 54, 100-1, *106*, 109, 113, 117, 121, 124-5, 128, 133, 144-5, *146*, 148, 153, *155*, 160, 163, *164*, 166-7, 173, 180, 187-8, 194, 197
Maracanãzinho, *114*, 116
Marcelinho "Carioca", 174-5
Marcelo D2, 137
Marcial, 129-30
Marinho, 86, 152
Marinho, Roberto, 145
Mario Filho, 32, 56-7, 62, 68-70, *71*
Mario Tito, 130
Marques, 179
Mattos, Orlando, 40
Meirelles, Ivo, 137
Meirelles, Romilson, 133
Mendes, Rodrigo, 187
Mendonça, Marcos Carneiro de, 173
Menescal, Roberto, 134
Menezes, Ademir, 87
"Mengo, tu é o maior!", 108
Merica, 86
Michila, 179
Milan, 195
Mineiro, 179

ÍNDICE REMISSIVO

Miraglia, Walter, 186
Miranda, Carmen, 134
Moacir, 17, 117, 120, 124
Moderato, *52*, *58*, 60-1, 152, 179
Mollas, 133
Monteiro, Cyro, 134
Montenegro, Oswaldo, 137
Moraes, Airton "Sansão" Vieira de, 133
Moreira, Moraes, 137
Motta, Zezé, 137
Moura, Leo, 17
Mozer, 17, 152, 167-8
Murilo, 17

Neguinho da Beija-Flor, 137
Nélio, 86, 174
Nelsinho, 86
Nelson, 167
Nery, 17, *38*, 40, 42, 46, 137, 152, 179
Nestor, 25, 26
Neves, Thiago, 17
Newton, *74*, *80*
Niemeyer, Carlos, 14, 145
Nijinsky, 149
Nogueira, Diogo, 137
Nogueira, João, 137
Nonô, 17, *52*, 56, 60
Nunes, 17, 86, *147*, 148-9, 152, *158*, 160, 163, 167
Nunes, Max, 108
Nunes, Paulo, 174-5

Obina, 86
Olaria, 182
Olímpico, estádio, 166
Oliveira, Bonfiglio de, 134
Onça, 12
Oswaldo "Ponte Aérea", 179
Otelo Caçador, 134

Pacaembu, 97, *99*
Padilha, José Bastos, 65, 69-70
Paganini, 129, 149
Palhinha, 148
Palmeiras, 93, 102-3
Pampollini, 124
"papagaio de vintém", *38*, 44-5
Paranhos, Ernesto, 40
Passos, Pereira, 36
Paulinho (Flamengo, anos 10), 179
Paulinho (Flamengo, anos 50), 109, 117, *122*
Paulistano, 60
Paulo "Choco", 179
Paulo César "Caju", 138, 168
Paulo Henrique, 17, *131*, 138
Pavão, 86, 108, 110, *111*, 113, *119*, 137
Pavilhão de Regatas, 36
Paysandu, 37, *63*
Pederneiras, Mario, 27
Peixoto, Cauby, 134
Pelé, 65, 86, *94*, 103, 120-1, 137-8, 148, 172
Penaforte, 17, *52*, *58*, 60
Perácio, 17, 86-7, *89*
Pereira, Geraldo, 134
Pereira, Luís, 168
Pereira, Roberto Passos, 160
Péricles, 134
Petkovic, 17, 186-7, *190*, 192-3, 197, *199*
Peu, 167
Pherusa, 26-7, 30
Píndaro, 17, *38*, 40, 42, 46, 137, 152, 179
Pinga, 112
Pinheiro, 112
Pinheiro, Leila, 137
Pinheiro, Paulo César, 137

Pintinho, 129
Pinto, Dario Mello, 104
Pinto, Manuel da Costa, 93
Pinto, Ricardo, 172
Pires, Alexandre, 137
Pires, Luiz Otavio Vaz, 133
Pirillo, 17, 78, *80*, 82, 84, 86-7, *88*, 89, 103, 137, 172, 182
Placar, 13
Plassmann, Raul *ver* Raul
Playboy, 173
Pompeia, 112
Popeye, 133
Portuguesa de Desportos, 14, 194
Possi, Zizi, 137
Pullen, Sidney, 17, 20

Quarentinha, 112, 124
Queiroz, Eunápio de, 125
Quirino, *80*, 84

Raça Rubro-Negra, 91, 154, 156
Rádio Globo, 188
Rádio Nacional, 49, 108-10
Rádio Tupi, 83
Ramalho, Elba, 137
Rapid de Viena, 104
Raul, 17, 144, 152, 166
Real Madrid, 178
Rede Globo, 145, 169, 172
Rego, José Lins do, 89
Reinaldo (Atlético Mineiro), 148
Reinaldo (Flamengo), 103, 186, 193
Reis, Luiz, 134
Renato "Pé Murcho", 178
Renato Augusto, 17, 103-4
Renato Gaúcho, 17, 169, 178
República Paz e Amor, 31, 33, 69
Revista do Esporte, *131*
Reyes, 17, 138, 140

Riachuelo, 37
Ribeiro, Alberto, 90
Ribeiro, Antonio, 61
Ribeiro, João, 61
Riemer, 20, 152
Rio-Cricket, 37, 40
Robertinho, 167
Roberto Dinamite, 145, 160
Rocha, 186
Rocha, Ricardo, 168
Rodrigues Neto, 86, 141
Rodrigues, Mario, 62
Rodrigues, Nelson, 40, 44, 62, 68
Rodrigues, Pedrinho, 134
Rodrigues, Washington, 167
Rogério, 138
"rolo compressor", 112
Romário, 17, 103, *176*, 178, *180-1*, 182-3, 186
Romeiro, 112
Ronaldinho Gaúcho, 17, 197
Ronaldo Fenômeno, 195-6
Rondinelli, 86, 137, 144-5, 148-9, 180, 187, 193
Rosa, Noel, 64
Rosinha, 113
Rubens, 17, 103, *106*, 108-9, 112, 113, 117, 137, 152, 172, 193
Rússia (seleção), 120
Russinho, 64

Sá, 96
Sá, Sandra de, 137
Sá, Walter Bezerra de, 13
Sabará, 112
Saboya, *22*
Samudio, Eliza, 196
Sangalo, Ivete, 137
Santa Rosa, William Kepler de *ver* Esquerdinha

ÍNDICE REMISSIVO 217

Santana, Joel, 194
Santinho, 22
Santos, 14, 103, 130, 156, 162, 166-7
Santos, Djalma, 128
Santos, Fausto dos *ver* Fausto
Santos, Nilton, 112, 124, 141
São Cristóvão, 34, 64
São Januário, estádio de, 76, 83, 100, 104
São Paulo, 82, 93, 99, 104, 163, 166, 169, 193
Sapatão, 12
Sartre, Jean-Paul, 109
Sávio, 17, 103, 176, 178
Scassa, José Maria, 76
Schmidt, Augusto Frederico, 117
Scyra, 27, 30
Seabra, 52, 60
Serrano, 147
Servílio, 19, 110, 119
Silva, 17, 126
Silva, Edmundo Santos, 183, 193
Silva, Leônidas da *ver* Leônidas
Silva, Moreira da, 134
Silva, Orlando, 73, 134
Silva, Thomaz Soares da *ver* Zizinho
Simonal, Wilson, 134
Sinatra, Barbara, 15
Sinatra, Frank, 13, 15
Sírio-Libanês, 116
Soares, Elza, 134, 181
Soares, Jô, 116
Soares, Togo Renan *ver* Kanela
Sócrates, 168
Solich, Fleitas, 108-9, 115, 117, 140
Soto, Mário, 154, 155, 156
Souza, Paulino de, 55
Spíndola, Mário, 25
Sport Recife, 169, 172
Stendhal, 197

Tardelli, Diego, 168
Telê, 112
Telefone, 12, 52
Tião, 80, 87
Timbira, 30
Tinteiro, 12
Tita, 17, 144, 146, 152, 167, 193
Toller, Paula, 137
Tomé, 19
Tomires, 110, 119, 180
Toninho, 141
Tony Tornado, 134
Torcida Jovem, 91
Torres, Carlos Alberto, 168
Tupi, 30

Ubirajara, 130
"Uri Geller" *ver* Julio Cesar

Vadinho, 58, 60
Vagner Love, 17
Valber, 179
Valentim, Paulinho, 124
Valido, Agustín, 71, 80, 86-7, 89, 96, 179, 187
Valle, Marcos, 134
Vampeta, 168, 193
Vargas, Getúlio, 73
Vasco da Gama, 17, 30-1, 34, 49, 50, 52, 53-7, 61, 64, 68, 83, 87, 89, 91, 100-4, 106, 108, 112, 122, 125, 128, 130, 144-5, 147, 157, 160, 163, 179, 181-3, 187-8, 190, 192-3, 195
Vavá, 112
Vecchi, editora, 110
Velloso, 77
Veloso, Caetano, 134
Veludo, 112
Veras, 22

Vermelho e o negro, O (Stendhal), 197
Vevé, 17, *80*, 86-7, 152
Viana, João Segadas, 61
Vianna, Herbert, 137
Vida do Crack, 111
Vieira, Ondino, 102
Vinicius, 112
Vitor, 167
Viug, Antonio, 125
Voigt, Arnaldo, 61
Volante, *71*

Walter Marciano, 112
Wando, 137

Xuxa, 137

Yustrich, *71*, *72*, 140

Zagallo, Mário Jorge Lobo, 17, 103, 109-10, 112, 117, *119*, 120, 186

Zanata, 103, 138, 193
Zé Carlos, 169
Zé Mário, 86, 138
Zé Roberto, 17, 168, 179
Zequinha, 103
Zezé, 25
Zico, 12, 17, 47, 57, 103-4, *115*, 120, 129, *135*, *136*, 137-8, *139*, 140, *142*, 144, 148-9, *150*, 152-4, 156, *161*, 162, 163, *164*, 166-9, 172-4, 180, 182, 186
Zinho, 17, 103, *135*, 168-9, 174
Ziraldo, 134
Zito, *58*
Zizinho, 12, 17, 76, *80*, 86, *89*, *94*, 96-7, *99*, 100, 103-5, *106*, 108, 112, 129, 137, *142*, 152, 172, 179, 182, 186
Zózimo, 112
Zumba, *22*

Sobre o autor

RUY CASTRO (n. 1948) é Flamengo militante desde os seis anos. Tem até hoje o primeiro par de meiões rubro-negros que usava nas peladas de infância. Foram raros os jogos do Flamengo que não acompanhou, por rádio, tevê, jornal, ao vivo no estádio ou, agora, pela internet. Pelo Flamengo já deu bolo em namoradas, pulou muros em estádios e, certa vez, estando fora do Brasil, ouviu um Flamengo x Vasco inteiro por um telefone postado diante de um rádio no Rio — o telefonema, de uma hora e meia, quase o quebrou, mas valeu, porque o Flamengo venceu.

Livros de Ruy Castro na Companhia das Letras

Biografia, história e ensaio

Chega de saudade: A história e as histórias da Bossa Nova (1990)
O anjo pornográfico: A vida de Nelson Rodrigues (1992) — Prêmio Nestlé de Literatura
Saudades do século XX (1994)
Estrela solitária: Um brasileiro chamado Garrincha (1995) — Prêmio Jabuti de Melhor Biografia e Livro do Ano
Ela é carioca: Uma enciclopédia de Ipanema (1999)
A onda que se ergueu no mar: Novos mergulhos na Bossa Nova (2001)
Carnaval no fogo: Crônica de uma cidade excitante demais (2003) — Prêmio Jabuti de Ensaio
Carmen: Uma biografia (2005) — Prêmio Jabuti de Melhor Biografia e Livro do Ano
Um filme é para sempre: 60 artigos sobre cinema (2006)
Tempestade de ritmos: Jazz e música popular no século XX (2007)
O leitor apaixonado: Prazeres à luz do abajur (2009) — Prêmio Jabuti de Reportagem
Terramarear: Peripécias de dois turistas culturais (com Heloisa Seixas, 2011)

Ficção

Bilac vê estrelas (2000)
O pai que era mãe (2001)

Humor

Mau humor: Uma antologia definitiva de citações venenosas (2002)

Edição e organização

A vida como ela é..., de Nelson Rodrigues (1992)
O casamento, de Nelson Rodrigues (1992)
O óbvio ululante: Primeiras confissões, de Nelson Rodrigues (1993)
À sombra das chuteiras imortais: Crônicas de futebol, de Nelson Rodrigues (1993)
A coroa de orquídeas e outros contos de "A vida como ela é...", de Nelson Rodrigues (1993)
A menina sem estrela: Memórias, de Nelson Rodrigues (1993)

Asfalto selvagem: Engraçadinha, seus amores e seus pecados, de Nelson Rodrigues (1994)
O sapo de Arubinha: Os anos de sonho do futebol brasileiro, de Mario Filho (1994)
A pátria em chuteiras: Novas crônicas de futebol, de Nelson Rodrigues (1994)
A cabra vadia: Novas confissões, de Nelson Rodrigues (1995)
O reacionário: Memórias e confissões, de Nelson Rodrigues (1995)
O remador de "Ben-Hur": Confissões culturais, de Nelson Rodrigues (1996)
Uma pulga na camisola: O máximo de Max Nunes (1996)
O pescoço da girafa: Pílulas de humor por Max Nunes (1997)
Flor de obsessão: As 1.000 melhores frases de Nelson Rodrigues (1997)
Um filme é um filme: O cinema de vanguarda dos anos 60, de José Lino Grünewald (2001)
Querido poeta: Correspondência de Vinicius de Moraes (2003)
Um filme por dia: Crítica de choque (1946-1973), de A. Moniz Vianna (2004)

Traduções

Big loura e outras histórias de Nova York, de Dorothy Parker (1987)
O livro dos insultos de H. L. Mencken (1988)
Alice no país das maravilhas, de Lewis Carroll (1993)
Frankenstein, de Mary Shelley (1994)
24 contos de F. Scott Fitzgerald (2004)